Die
königlich sächsische Infanterie (I)

Die leichten Infanterie-Regimenter,

die Regimentsschützen

und das

Jägerkorps

1810 - 1813

Jörg Titze

Beiträge zur sächsischen Militärgeschichte zwischen 1793 und 1813

Heft 20

Abb.01 Ausschnitt aus dem Podobna-Gemälde von Schubauer (Deutsche Fotothek/ df_hauptkatalog_0056354))

Die

königlich sächsische Infanterie (I)

Die leichten Infanterie-Regimenter,

die Regimentsschützen

und das

Jägerkorps

1810 -1813

Bibliographische Information der Deutschen Biliothek

Die Deutsche Bibliothek verzeichnet diese Publikation in der Deutschen Nationalbibliographie; detaillierte bibliographische Daten sind im Internet über http://dnb.ddb.de abrufbar.

Die Deutsche Bibliothek – CIP – Einheitsaufnahme

Jörg Titze

Die königlich sächsische Infanterie (I): Die leichten Infanterie-Regimenter, die Regimentsschützen und das Jägerkorps 1810 – 1813

ISBN 978-3-7322-5450-7

© 2013 Jörg Titze

Herstellung und Verlag:

BoD - Books on Demand, Norderstedt, 2013

Inhaltsverzeichnis

                                        Seite

1.	**Einleitung**	**7**
2.	**Organisation**	**9**
2.1	Die leichten Regimenter	9
2.1.1	Der Etat der leichten Regimenter	9
2.1.2	Offiziere, Fahnenjunker und Offizierssubjekte	15
2.1.3	Unteroffiziere und Unteroffizierssubjekte, Fouriere, Chirurgen	18
2.1.4	Offiziersburschen	19
2.1.5	Offizierspferde	20
2.1.6	Equipagesoldaten und Equipagepferde	20
2.2	Die Regimentsschützen	20
2.3	Die Jäger	21
3.	**Die Uniformierung**	**22**
3.1	Die Uniformierung der leichten Regimenter	27
3.1.1	Haltezeiten	29
3.1.2	Materialbedarf	30
3.1.3	Beimontierung	31
3.1.4	Anschaffungskosten Leibesmontur und Armatur	32
3.1.5	Dienstgrad- und Dienststellungsabzeichen	33
3.1.6	Die Uniform betreffende Einzelvorschriften	36
3.2	Die Uniformierung der Regimentsschützen	44
3.3	Die Uniformierung des Jägerkorps	46
4.	**Die Ausrüstung**	**49**
4.1	Die Gewehre	49
4.1.1	Die Gewehre der leichten Infanterie	50
4.1.2	Die Gewehre der Regimentsschützen	51
4.1.3	Die Gewehre der Jäger	51

4.2	Die Seitenwaffen	52
4.2.1	Die Seitenwaffen der leichten Infanterie	53
4.2.2	Die Seitenwaffen der Regimentsschützen	53
4.2.3	Die Seitenwaffen der Jäger	54
4.3	Das Lederzeug	54
4.3.1	Das Lederzeug der leichten Infanterie	54
4.3.2	Das Lederzeug der Regimentsschützen	54
4.3.3	Das Lederzeug der Jäger	55
4.4	Die Feldequipage	55
4.4.1	Die Feldequipage der leichten Infanterie	55
4.4.2	Die Feldequipage der Regimentsschützen	56
4.4.3	Die Feldequipage der Jäger	56
5.	**Reglements und Instruktionen**	**56**
5.1	leichte Infanterie	56
5.2	Regimentsschützen	57
5.3	Jäger	58
6.	**Märsche und Signale**	**59**
7.	**Quellen**	**61**
9.	**Anlagen**	**63**
01	Signale auf der Trommel	
02	Vorschrift zum Packen der Tornister	
03	Feld-Verpflegungs-Auswurf des 1ten leichten Infanterie-Regiments	
04	Kritik des kommandierenden Generalleutnants am Zustand des 2.Bataillons des 1.leichten Infanterieregiments vom 25.02.1812	
05	Einteilung der Offiziere der leichten Infanterie zum 30.07.1812	
06	Liste der bei Podobna (12.08.1812) vor dem Feind gebliebenen bzw. an den Wunden gestorbenen Unter-Offiziere und Mannschaften nach der Monatsliste von Ende August 1812	
07	Einteilung der Offiziere der leichten Infanterie zum 29.03.1813	
08	Einteilung der Offiziere der leichten Infanterie Ende Juli 1813	
09	Befehl zu Gefreiten als Unteroffiziere und Kompaniezeichen	
10	Rapport über das 2.Bataillon Lecoq vom 02.08.1813	

1. Einleitung

Der Herr von Holtzendorff hat 1860 eine umfangreiche Regimentsgeschichte der leichten Infanterie heraus gebracht[1], die die ersten 50 Jahre (1809 – 1859) des Bestehens dieser Truppe hinsichtlich der Entstehung und der Feldzüge umfassend beleuchtet. Da dieses Werk in der digitalen Sammlung der SLUB[2] frei zugänglich und als pdf-Datei herunterladbar[3] ist, wird in diesem Heft auf eine ausführliche Darstellung der Geschichte verzichtet und der geneigte Leser gebeten, sich hinsichtlich der Feldzugsbegebenheiten der Lektüre dieses Buches zu unterziehen.

Insofern zu Holtzendorff ergänzende und/oder abweichende Erkenntnisse gewonnen werden konnten, da sich in Detailfragen die Aktenlage manchmal abweichend darstellt, sind diese entsprechend aufgeführt.

Die Aktenlage ist – wenn auch leider nicht vollständig – als eine sehr erfreuliche zu bezeichnen. Im Hauptstaatsarchiv Dresden sind an Akten vorhanden[4]:

Vom 1. Leichten Regiment:

Eingegangene Ordres Januar, Februar, März 1810 (Vol.I)

Eingegangene Ordres Mai, Juni, Juli 1810 (Vol.II)

Eingegangene Ordres Januar, Februar, März, April 1811 (Vol.4)

Eingegangene Ordres Mai, Juni 1811 (Vol.5)

Eingegangene Ordres Juli – Dezember 1811 (Vol.6)

Eingegangene Ordres Januar, Februar, März 1812 (Vol.7)

Eingegangene Ordres April – Juni 1812 (Vol.8)

Eingegangene Ordres

Eingegangene Ordres Januar, Februar 1813

Ordre Buch März – August 1813 (Vol.10)

Eingegangene Ordres Juli, August 1813

Vom 2. Leichten Regiment

Eingegangene Ordres Januar – Juni 1813

Eingegangene Ordres Juli, August 1813

---

[1] Albrecht Graf von Holtzendorff – Geschichte der königlich sächsischen leichten Infanterie von deren Errichtung bis zum 1. October 1859 – Leipzig 1860
[2] Sächsische Landes- und Universitäts-Bibliothek, Dresden
[3] In den „Digitalen Sammlungen" der SLUB
[4] Die Sammlung all dieser nachstehend aufgeführten Ordres ist jedoch nicht vollständig, wie anhand der auf den Ordres vermerkten Journalnummern festzustellen ist.

Für den aktenseitig leider nicht abgedeckten Zeitraum von August – Dezember 1810 ist aushilfsweise das Ordrebuch der Infanterie-Regiments Prinz Clemens herangezogen worden, da auch dieses Regiment zur Division des Generalleutnants von Lecoq gehörte.

Zum weiteren Abgleich mit den in der Division Lecoq gegebenen Befehlen konnten die Ordre-Extrakte der Division Zeschau für das Jahr 1811 herangezogen werden.

Hinzu kommen für 1812 die Monatslisten für den mobilen Teil der Regimenter (Januar – August) und der Depots (März 1812 – Februar 1813)

Nicht unerwähnt bleiben dürfen die wertvolle Informationen liefernden Stamm und Ranglisten der sächsischen Armee.

Bildseitig sind besonders die in der Deutschen Fotothek befindlichen zwei Bildausschnitte des Schubauer Gemäldes „Die Schlacht bei Podobna" zu erwähnen, bilden sie – von einem Feldzugsteilnehmer gemalt - doch einen interessanten Gegensatz zu den sonst nur die parademäßiger Adjustierung zeigenden Bilder von Sauerweid, Bärtsch u.a.. Eigens für dieses Heft schuf mein Freund Jörg Hensel eines seiner hervorragenden Bilder.

Bedanken möchte ich mich beim Team des Hauptstaatsarchives Dresden (für die wiederum problemlose Bereitstellung von Akten und Kopien) und dem Team der SLUB/Deutschen Fotothek für die Bereitstellung und Veröffentlichungsgenehmigung der Schubauer-Details.

Dieses Heft widme ich meinen Kameraden von der 3.Kompanie des 1.leichten Regiments und speziell meinem Sohn Thoralf.

Bleibt so wie ihr seid.

Es lebe der König und Zulu!

Sprotta-Siedlung im Juli 2013

2. Organisation
2.1 Die leichten Regimenter
2.1.1 Der Etat der leichten Regimenter

Die leichten Regimenter erhielten bei der Neuformierung der sächsischen Armee zum 01.05.1810 folgenden Etat:

Beim Stab	Bei 8 Kompanien
1 Oberst	4 Capitäns 1. Klasse
1 Oberstleutnant	4 Capitäns 2. Klasse
2 Majors	8 Premierleutnants
2 Adjutanten	16 Sousleutnants
1 Regiments-Quartiermeister	8 Feldwebel
1 Auditeur	16 Sergeanten
1 Regiments-Chirurg	8 Fouriers
1 Bataillons-Chirurg	4 Chirurgen
1 Stabs-Fourier	80 Korporals
2 Stabs-Hornisten	24 Hornisten
1 Büchsenmacher und –schäfter	8 Tambours
1 Profoß	16 Zimmerleute
16 Mann	1440 Gemeine
	1636 Mann

Summe: 1652 Mann

Die zwei Regimenter sollten aus den bestehenden beiden leichten Bataillonen, den Schützen der Regimenter und aus den Mannschaften der aufgelösten Regimenter gebildet werden. Als Stämme wurden die leichten Bataillone wie folgt aufgeteilt[5]:

Beim 1.leichten Regiment sollte die Hälfte der Kompanie[6] v.Beeren die 1. Kompanie und die Hälfte der Kompanie v.Sperl die 2. Kompanie bilden. Die verbleiben den beiden Hälften formieren die 3. und 4. Kompanie und somit diese 4 Kompanien das 1. Bataillon. Die bisherige Kompanie v.Bünau bildet zu gleichen Teilen den Stamm der 5. und 6. Kompanie und die Kompanie Hennigk den Stamm der 7. und 8. Kompanie. Diese 4 Kompanien bildeten das 2. Bataillon.

---
[5] Befehl des Generalleutnants von Lecoq an den Generalmajor von Sahr vom 16.04.1810
[6] Die Kompanien sind jene der beiden im Feldzug von 1809 aus den Regimentsschützen gebildeten Schützenbataillone.

Beim 2. Leichten Regiment formierte die Kompanie v.Jeschky die Stämme der 3. und 4. Kompanie und die Kompanie v.Egidy die Stämme der 1. und 2. Kompanie. Diese 4 Kompanien formierten das 1. Bataillon. Die Schneidersche Kompanie formiert die Stämme der 5. und 6. sowie die Kompanie v.Marschall die Stämme der 7. und 8. Kompanie. Diese 4 Kompanien bildeten das 2. Bataillon.

Die Offiziere waren so zu verteilen, dass der Kapitain die eine Hälfte und der Premierleutnant die andere Hälfte begleitet. Feldwebel waren nicht zu ernennen, auch keine Chirurgen und Fouriere anzunehmen, da solche von den eingehenden Regimentern zur leichten Infanterie versetzt werden.

Die Zahl der präsenten Mannschaften wurde während der Beurlaubungszeit mit 50 Mann je Kompanien festgelegt. In den Bestand der 50 präsenten Mann je Kompanie waren alle anwesenden Kranken einzurechnen[7].

Wie jedes Infanterieregiment mussten auch die beiden leichten Regimenter Ende 1810 Mannschaften zur Errichtung der Sappeur-Kompanie abgeben[8].

Mit Divisions-Ordre vom 06.03.1811 wurde den Regimentern bekannt gemacht, dass der König den Regimentern der Dresdner Garnison, welche eine höhere Zahl an präsenten Mannschaften vorhalten müssen, eine Kompensation durch andere Regimenter zugesagt hat. Die Zahl der präsenten Mannschaft u.a. bei den leichten Regimenter war daher sofort von 50 auf 45 Mann je Kompanie zu reduzieren.

Den Regimentern wurde am 24.04.1811 mitgeteilt, dass durch die Rückkehr der bisher in Glogau gestandenen Mannschaft mehrere überkomplette[9] Militärpersonen vorhanden sind, die zur Deckung von Vakanzen zu nutzen sind.

Am 30.04.1811 wurden die Etats festgelegt, mit welchen die Regimenter in die die Kantonierung rücken sollten:

Beim Stab	Bei 8 Kompanien
1 Oberst	4 Capitäns 1. Klasse
1 Oberstleutnant	4 Capitäns 2. Klasse
2 Majors	7 Premierleutnants

---

[7] Befehl vom 08.05.1810
[8] Am 06.02.1811 erhielt das 1.leichte Regiment durch den Brigadier die Mitteilung über die an die Sappeur-Kompanie abgegebene und dort wirklich einrangierte Mannschaft. Es waren Sergeant Stephan Friedrich Hussel, Korporal Johann Wilhelm Ingwer sowie die Gemeinen Christian Brahde, Gottlieb Kraft, Johann Gottlieb Leske d. 2te, Johann Gottfried Fünfstück, Johann Wilhelm Wolff und Johann Erdmann Kiesling. Damit war die Zahl der von jeden Regiment abzugebenden 5 Mann überschritten.
[9] Überzählig waren 1 Fourier, 2 Hautboisten (Niesemeuschel), 1 Sergeant, 1 Hautboist (Anton), 1 Feldwebel, 1 Korporal, 2 Hautboisten (Low), je 1 Feldwebel, 1 Fourier (Max und Friedrich August), 1 Bataillons-Tambour (Clemens).

2 Adjutanten	15 Sousleutnants
1 Regiments-Quartiermeister	8 Feldwebel
1 Auditeur	16 Sergeanten
1 Regiments-Chirurg	8 Fouriers
1 Bataillons-Chirurg	4 Chirurgen
1 Stabs-Fourier	77 Korporals
2 Stabs-Hornisten	23 Hornisten
1 Büchsenmacher und –schäfter	8 Tambours
1 Profoß	16 Zimmerleute
16 Mann	1395 Gemeine
	1584 Mann

Summe: 1600 Mann

Ein Dauerthema war die Vollzähligmachung der Regimenter. Durch Invaliden[10], ausgedienten Kapitulanten und sonstige entstehende Vakanzen[11] [12] war eine ständige Zuführung von Ersatz notwendig, da u.a. die Regimenter vollzählig in die Kantonierungen rücken sollten. Durch große Rekrutenaushebungen in den

---

[10] An Invaliden (als solcher wurde der bezeichnet, dem die Untauglichkeit zum Militärdienst ärztlich attestiert war) wurden z.B. nur Mai/Juni 1811 verabschiedet vom 1.leichten am: 14.05. 15 Ganz- und 11 Halbinvaliden, 31.05. 1 untauglicher Rekrut, 07.06. 2 Halbinvaliden, 11.06. 1 Halbinvalide, 13.06. 10 untaugliche Rekruten (der 11. untaugliche Rekrut: „ … Johann Gottlieb Ackermann hingegen ist beizubehalten, da der Divisionsgeneral die Beschaffenheit seiner Zähne nicht so schlecht gefunden hat, daß sie ihn hindern könnten, seinen Dienst als Soldat zu versehen, und der Zustand seiner Brust, erst durch mehrere Beobachtung kennen gelernt werden soll, indem der Mann außerdem ein gesundes Aussehen hat."), 15.06. 2 Halbinvaliden und 23.06. 2 Halbinvaliden. Ursachen der Invalidität waren u.a. Verknorpelung der Füße, Bluthusten, unheilbares Ausrenken von Gliedern, Auszehrung, schwarzer Star, Gichtanfälle, Keuchhusten, verhärtete Eingeweide, Blutaderbrüche, Hodenbruch, epileptische Anfälle, Nervenschwäche, Steifheit, Knochenfraß, Muskelschwund, großer verhärteter Kropf, Leistenbruch.
[11] Holtzendorff gibt für den notwendigen Ersatz auch den Nichterhalt der Mannschaften des eingegangenen Regimentes v.Burgsdorff an. Er führt aus (S.53), dass deshalb im Mai 1811 das 1.leichte 186 und das 2.leichte 185 Rekruten erhielt. Ein Befehl des Brigadiers v.Sahr vom 12.05.1811 zeigt dem 1.leichten die Zuteilung folgender Ergänzungsmannschaften an: 45 Mann vom IR Anton, 30 Mann vom IR Clemens, 63 Mann von 1.Bataillon und 88 Mann von 2.Bataillon IR Maximilian und **124** Rekruten = gesamt 350 Mann. Neben der abweichenden Rekrutenzahl ist interessant, dass wohl das die gesamte Mannschaft des IR Maximilian auf die übrigen Regimenter verteilt wurde: „Es ist vermöge, einer an mich ergangenen Divisions Ordre, vom 9ten dieses die Vertheilung der Zimmerleute und gemeinen Mannschaft, der zwei Mousquetier Bataillons vom Regiment Prinz Maximilian erfolgt …" (Brigadier v.Sahr am 12.05.1811).
[12] Sonstige Vakanzen entstanden z.B. durch Tod sowie Entlassungen aufgrund Übernahme/ Erwerb einer Landwirtschaft, Erhalt einer Anstellung, Versetzung zu anderen Regimentern, unehrenhafte Entlassung(u.a. wegen Diebstahl und schlechter Aufführung) und Entlassung als Ausländer.

Jahren 1811[13], 1812[14] und 1813 wird der Hauptbedarf gedeckt. Auch die Zuteilung von Mannschaften aus anderen Regimentern[15] findet weiterhin statt.

Am 21.08.1811 wird die Bezeichnung Gemeiner in Schützen abgeändert.

Der Divisionär machte am 15.09.1811 dem 1. Leichten Regiment bekannt, dass er vom König zum Chef dieses Regiments ernannt worden ist[16].

Am 02.10.1811 wurde festgelegt, dass statt eines Fouriers nun zwei im Depot zurückbleiben sollen.

Um im Falle einer Mobilmachung die beim Feld-Kommissariat, bei den Feld-Lazaretten und beim Fuhrwesen nötigen Stellen mit brauchbaren Subjekten besetzen zu können, hatte in Folge eines Divisionsbefehl vom **02.10.1811** jedes Regiment 1 Fourier und 2 Unteroffiziere bzw. 1 Unteroffizier und 1 Schützen anzuzeigen, welche: „ durch lange Dienstzeit, Eifer und Rechtschaffenheit Ansprüche auf eine bessere Anstellung erworben haben..". Die Regimentskommandanten waren verantwortlich, dass nur verdiente und brauchbare Leute ausgewählt wurden und keine, denen sich die Regimenter entledigen wollten. Die Fouriere mussten besonders gut rechnen können, die Unteroffiziere und Schützen einige Kenntnisse im Schreiben und rechnen besitzen.

Der Generalmajor v.Gersdorff stellt am 29.11.1811 fest, dass zum Depot-Kommandanten ein Offizier zu wählen ist, der die zu besorgenden wirtschaftlichen Geschäfte beherrscht.

Am 09.03.1812 erfolgte endlich die Festlegung des Feldetats[17], mit denen die Regimenter in den Feldzug von 1812 rückten. Er war gegenüber dem Etat vom

---

[13] „Es sollen die Regimenter fördersamst durch Rekruten wieder vollzählig gemacht werden. ... Aus dem Haupt Rekruten Depot zu Großenhayn wird das 1ste leichte Infanterie Regiment 90 Rekruten , das 2te leichte Infanterie Regiment 54 Rekruten zur Vollzähligmachung abgeliefert erhalten ... ." (Befehl vom 23.08.1811)

[14] „Das 1ste leichte Infanterie-Regiment soll durch die dermalen auszuhebenden Land-Rekruten vollzählig gemacht werden ... ." (General v.Lecoq am 29.01.1812); „... ersuche ich ... die Anzeige derer dem Regiment am completten Stand fehlenden Mannschaft unverzüglich ... zuzusenden, indem die dem mobilen Theil ... fehlende Mannschaft durch Rekruten Abtheilungen ersetzt werden sollen, welche den 1sten Maerz ... eintreffen werden." (General v.Nostitz an Major v.Egidy am 20.02.1812)

[15] „ Es soll das ... (1.) leichte Infanterie Regiment sogleich durch Abgaben vom Regiment Prinz Maximilian vollzählig gemacht werden. Es ist ... angewiesen worden, sofort 21 Musketiers ... abzugeben." (General v.Lecoq an Major v.Egidy 22.01.1812)

[16] Lecoq schrieb: „ Sr. Majestät der König haben gnädigst geruht, mich zum Schef des 1ten leichten Infanterieregiments zu ernennen, und mir hierdurch auf's Neue die schmeichelhaftesten Beweise Allerhöchstihrer Gnade gegeben. Es ist die schönste Belohnung, die mir zu Theil werden konnte; denn ich werde dadurch mit einem Regimente näher und inniger verbunden, welches bereits in dem vollen Besitze meiner Achtung und des herzlichsten Vertrauens ist, und dessen Anführer ich zu der Zahl meiner wärmsten Freunde zähle."

[17] Sh. Anlage 03

30.04.1811 nur unwesentlich verändert. Nach diesem betrug die Stärke des mobilen Teils eines leichten Regiments 1600 Mann, die des Depots 52 Mann[18].

Nachdem die Verluste des russischen Feldzuges absehbar waren, wurde am 09.02.1813 die mit dem 1.provisorischen Bataillon in Prettin stehende Division leichter Infanterie von ersterem getrennt, um als provisorisches leichtes Bataillon aufgestellt zu werden. Diesem wurden am 21.03. von Dresden aus noch 100 altgediente Schützen des 2.leichten Regiments überstellt. Aus den zurück-gekehrten Resten des Regiments Sahr[19] und dem provisorischen leichten Bataillon wurden am 29.03.1812 zwei Bataillone – eines für das Regiment Lecoq und eines für das Regiment Sahr – formiert[20]. Die Depots wurden aufgelöst und auf die Bataillone verteilt.

Am 12.05.1813 traten die so formierten Bataillone[21] in die Organisation des VII. Korps und damit in den Feldzug von 1813 ein. Ein Feldetat hat sich für diesen Zeitabschnitt bisher nicht finden lassen[22].

Vor und während des Waffenstillstandes wurde an der Formierung der 2. Bataillone[23] der Regimenter gearbeitet und diese den Truppen Anfang August zugesandt. Diese 2. Bataillone sollten zusammen mit den bereits im Feld

---

[18] Das Depot des 1.leichten Regiments bestand aus 1 Major, 1 Regiments-Quartiermeister, 2 Leutnants, 1 Sergeanten, 2 Fouriers, 3 Korporals, 1 Hornisten und 41 Schützen. (Befehl des Generalleutnants v.Lecoq an den Generalmajor v.Nostitz vom 22.02.1812)
[19] Der Generalmajor v.Sahr war am 09.03.1813 zum Chef des 2.leichten Regiments ernannt worden. Das Regiment hatte am 21.03. noch eine Stärke von 14 Offizieren und 316 Mann.
[20] Die Reste des Regiments Lecoq befanden sich bei der Kolonne des Generalmajors v.Gablenz, der bei Kalisch (13.02.1813) vom VII. Korps getrennt worden war und nun durch Österreich nach Sachsen zurückmarschierten.
[21] Das Regiment Lecoq in einer Stärke von 518 und das Regiment Sahr von 687 Mann.
[22] Die für die Spezialrevue am 17.07.1613 gefertigten Bestandsrapporte geben für:
Regiment Lecoq a) präsent: 2 Majors, 1 Stabsfourier, 1 Stabshornist, 1 Büchsenmacher; 6 Sous-Leutnants, 2 Feldwebel, 2 Fouriers, 2 Chirurgen, 14 Korporals, 24 Gefreite, 6 Hornisten, 1 Tambour, 1 Zimmermann, 274 Schützen (= 332 Mann); b) beurlaubt: 1 Kapitän; c) gefangen: 1 Sousleutnant, 1 Korporal, 9 Schützen; d) vermisst: 24 Schützen; f) kommandiert: 1 Kapitän, 1 Sousleutnant, 1 Sergeant, 2 Korporals, 5 Schützen; g) krank: 1 Regiments-Chirurg, 1 Kapitän, 1 Sousleutnant, 1 Sergeant, 1 Fourier, 5 Korporals, 4 Hornisten, 154 Schützen.
Der Gesamtbestand betrug 547 Mann.
Regiment Sahr a) präsent: 1 Oberst, 1 Major, 1 Adjutant, 1 Büchsenmacher; 2 Kapitäns, 3 Premier- und 6 Sous-Leutnants, 1 Feldwebel, 5 Sergeanten, 3 Fouriers, 2 Chirurgen, 32 Korporals, 18 Gefreite, 10 Hornisten, 2 Tambours, 3 Zimmerleute, 380 Schützen (= 466 Mann); b) beurlaubt: 1 Major, 1 Kapitän; c) gefangen: 5 Schützen; d) vermisst: 36 Schützen; f) kommandiert: 1 Major, 1 Adjutant, 1 Regiments-Chirurg, 1 Büchsenmacher, überdies 1 Stabshornist (entlassen); 1 Kapitän, 2 Premier- und 2 Sousleutnants, 1 Feldwebel, 2 Korporals, 22 Schützen; überdies im Arrest 1 Schütze; g) krank: 1 Bataillons-Chirurg, 2 Sousleutnants, 3 Korporals, 2 Gefreite, 1 Hornist, 2 Tambours, 300 Schützen = Gesamtbestand 851 Mann.
[23] Der in den Befehlen verwendete Begriff „2.Bataillon" ist so verstehen, dass damit eine zweites (= weiteres) Bataillon gemeint ist (sh. hierzu Anlage 09). Solange ein Regimenter in ein Bataillon formiert war, hatten diese Bataillone keine Kompanien sondern Divisionen, die sich aus jeweils 2 Kompanien zusammensetzten.

stehenden 1. Bataillonen die Regimenter auf eine Sollstärke von 1500[24] Mann bringen. Aufgrund der großen Anzahl Kranker[25] wichen die Regimenter im effektiven[26] Bestand erheblich von der Sollstärke ab.

	Solltärke	zum Dienst[27]
leichtes Bataillon Lecoq	38 Offz. und 1462 Mann	26 Offz. u. 1221 Mann
leichtes Bataillon Sahr	38 Offz. und 1462 Mann	24 Offz. u. 1134 Mann
Jäger-Korps	3 Offz. und 140 Mann	3 Offz. u. 133 Mann

---

[24] Stab: 1 Kommandant, 2 Majors, 2 Adjutanten, 1 Rgt.s-Chirurg, 1 Btl.s-Chirurg, 1 Stabsfourier, 2 Stabshornisten, 2 Büchsenmacher = 12 Mann; bei 8 Kompanien: 4 Kapitäns 1ter und 4 Kapitäns 2ter Klasse, 7 oder 8 Premierleutnant, 15 oder 16 Sousleutnants, 8 Feldwebel, 12 Sergeanten, 4 Chirurgen, 6 Fouriers, 76 Korporals, 23 Hornisten, 8 Tambours, 16 Zimmerleute, 1304 Schützen = 1488 Mann; insgesamt 1500 Mann (Zusammensetzung siehe Holtzendorff Beilage 25 (S.346)). Der Bestandsrapport für das 1.leichte wies für den 02.08.1813 aus für den mobilen Teil 1 Major, 1 Adjutanten, 1 Regiments-Chirurgen, 1 Stabs-Fourier,1 Stabs-Hornisten, 1 Büchsenmacher und –schäfter, 5 Kapitäns, 8 Sousleutnants, 2 Feldwebel, 2 Sergeanten, 3 Fouriers, 2 Chirurgen, 21 Korporals, 10 Hornisten, 1 Tambour, 1 Zimmermann und 440 Schützen = 501 Mann aus. Das „2." Bataillon musste daher aus 1 Oberst, 1 Major, 1 Adjutanten, 1 Stabs-Hornisten, 1 Büchsenmacher und –schäfter, 3 Kapitäns, 8 Premier- und 7 Sousleutnants, 6 Feldwebel, 10 Sergeanten, 3 Fouriers, 2 Chirurgen, 55 Korporals, 13 Hornisten, 7 Tambour, 15 Zimmerleuten und 864 Schützen = 999 Mann bestehen, um die Sollstärke von 1500 Mann zu erreichen. Das Bataillon kam aber nur auf 889 Mann. Es fehlten am Etat 1 Bataillons-Chirurg, 1 Stabs-Hornist, 1 Premier- und 3 Sousleutnants, 2 Feldwebel, 6 Sergeanten und 96 Schützen. (Bestandsrapport vom 02.08.) Warum Holtzendorff in Beilage 22 für das „2." Bataillon Lecoq auf 19 Offiziere und 876 Mann = 895 Mann gesamt angibt, hat sich nicht ermitteln lassen.

[25] Ein „Kranken Verzeichniß vom mobilen Theile des leichten Infanterie Batl.s v.Lecoq" (datiert auf den 17.07.1813, dessen Eingang aber schon am 14.07. erfolgte) gibt 10 Kranke in Löbau, 13 Kranke in Hubertusburg, 6 Kranke in Görlitz, 4 Kranke in Augustusburg, 5 Kranke in Torgau, 55 Kranke (Ausschlagkranke) in Leschwitz, 67 Kranke in unbekannten Hospitälern und 3 kranke Offiziere; insgesamt 167 Mann. Dazu kamen noch 5 Kranke in Löbau, 6 Kranke in Hubertusburg, 2 Kranke in Görlitz, 23 Kranke in Augustusburg und 8 Kranke in Torgau vom immobilen Teil.

[26] Gemeint ist hier die Rubrik „verbleiben zum Dienst", welche sich aus der Nominalstärke abzüglich der am Bestand fehlenden, der Kommandierten; der Beurlaubten, der Gefallenen und Verwundeten sowie der Arrestanten ergab. Während es Beurlaubte im Feld kaum gab und Gefallene sowie Verwundete fast nur nach den Gefechten anfielen, war beständig eine bedeutende Zahle Kommandierter zu geben. Im Monat August 1812 z.B. hatte das 1.leichte 74 (Auditeur und 1 Offizier beim Brigadier, 1 Offizier beim Divisionär, der Bataillons-Chirurg z.D. im Feldhospital, 2 Uffz.+ 12 Schützen als Krankenwärter in verschiedenen Hospitälern, 2 Uffz. + 10 Schützen im Depot zu Warschau, 9 Schützen bei der Feldbäckerei, 2 Zimmerleute beim Brückenbau, 2 Schützen als Ordonanz beim Divisionär, 12 Schützen als Offiziersburschen, 1 Uffz. als Fasser beim Brigadier, 6 Schützen als Equipagesoldaten im Hauptquartier, 7 Schützen beim Divisionspark, 4 Schützen beim Sappeur- und Pontonierdetachement) und das 2.leichte 107 (der Auditeur im Depot, 1 Offz. als Divisionsadjutant, 1 Offz. beim Brigadier, 1 Offz. beim Jägerkorps, 1 Offz. im Hauptquartier, der Bataillons-Chirurg z.D. im Feldlazarett, 1 Uffz.+ 18 Schützen als Krankenwärter in verschiedenen Hospitälern, 2 Uffz. auf Rekonvaleszententransport, 4 Schützen als Ordonanzen, 6 Schützen als Offiziersburschen, 6 Schützen bei der Feldbäckerei, 1 Uffz. + 9 Schützen im Depot zu Warschau, 1 Uffz.+ 3 Schützen beim Sappeur- und Pontonierdetachement, 6 Schützen bei der Intendanz, 1 Offz.+ 1 Uffz.+ 41 Schützen auf Magazinwache) Kommandierte.

[27] an den frz. Generalstab eingereichte Stärken vom 15.08.1813

Die letzte in den Akten auffindbare Stärke[28] datiert vom 14.10.1813 und weist für die leichte Infanterie aus:

	Sollstärke	zum Dienst
leichtes Bataillon Lecoq	38 Offz. und 1462 Mann	19 Offz. und 769 Mann
leichtes Bataillon Sahr	38 Offz. und 1462 Mann	23 Offz. und 784 Mann
Jäger-Korps	3 Offz. und 140 Mann	3 Offz. und 69 Mann

2.1.2 Offiziere, Fahnenjunker und Offizierssubjekte

Über die **Offiziere** wurden so genannte Konduitenlisten geführt, in denen die Fähigkeiten[29] und Kenntnisse sowie die Brauchbarkeit und der Charakter eines jeden Offiziers aufgeführt waren.

Die Beförderung der Offiziere erfolgte bis zum Kapitän nach der Ancienität, die Beförderung zum Stabsoffizier war hingegen vom Verdienst abhängig. Das Vorschlagsrecht zur Beförderung zum Stabsoffizier lag bei den Divisionärs[30]

Der Divisionär forderte am 08.09.1811 alle Offiziere auf, wissenschaftliche Arbeiten – wie bereits von einigen Offizieren geschehen – zu verfertigen und einzureichen, um so ihren Privatfleiß nachzuweisen und sich für höhere Aufgaben zu empfehlen. Die Herren Offiziers sollten von der Notwendigkeit überzeugt sein, dass nur ein gebildetes Offizierskorps die Mittel hat einen hohen Grad an Vollkommenheit zu erreichen. Als Arbeiten wurden beispielhaft aufgeführt:

- Croquis von Gegenden in der Nähe der Garnison nebst einer Beschreibung dieses Terrainabschnittes in militärischer Hinsicht incl. der möglichen Operation kleinerer Truppenabteilungen
- Dispositionen zu Übungen im Felddienst
- Ideen zu Feldmanövern
- Rapporte zu gestellten Aufgaben, Positionen etc. (für Subalternoffiziere)

Die **Offizierspatente** wurden vom König unterzeichnet und lauteten für die Subalternoffiziere – am Beispiel des Patents für den Sousleutnant Engel – wie folgt:

Nachdem Ihro Königl: Majestät von Sachsen den bey dem ersten leichten Infanterie Regimente stehenden Fahnjuncker, Ernst Adolph Engel, in Ansehung deßen Höchstdemselben angerühmter guten Eigenschaften, dato zum

---

[28] Tagebuch Zeschaus vom 08. – 14.10.1813, Etat ist ausgestellt am 14.10. in Rotta bei Kemberg
[29] „Unter die erworbenen Fertigkeiten gehört unstreitig auch die des Fechtens, als etwas Nützliches für jeden Officier. Es wird daher diese Gegenstand der Aufmerksamkeit der Herrn Staabsofficiers empfohlen." General Lecoq an Oberst Tettenborn am 15.08.1811
[30] Instruktion für die Divisionärs vom 07.03.1810 (in Heft 24)

Sous Lieutenant bey nurerwehntem Regimente in Gnaden ernennet und dermaßen bestellet haben, daß Höchstdemselben er getreu und dienstgewärtig seyn, Ihro Königl. Majestät und dero Königl. Hauses Ehre, Nuzen und Frommen, bestmöglichst befördern, Schaden und Nachtheil aber, soviel an ihm, abwenden und verhindern, bey allen Vorfällen, wozu er commandiret werden möchte, sich nicht nur unverdroßen, exact und tapfer erzeigen, sondern auch nach Gelegenheit für Ihro Königl. Majestät Höchsten Dienst, seines Bluts, Leibes und

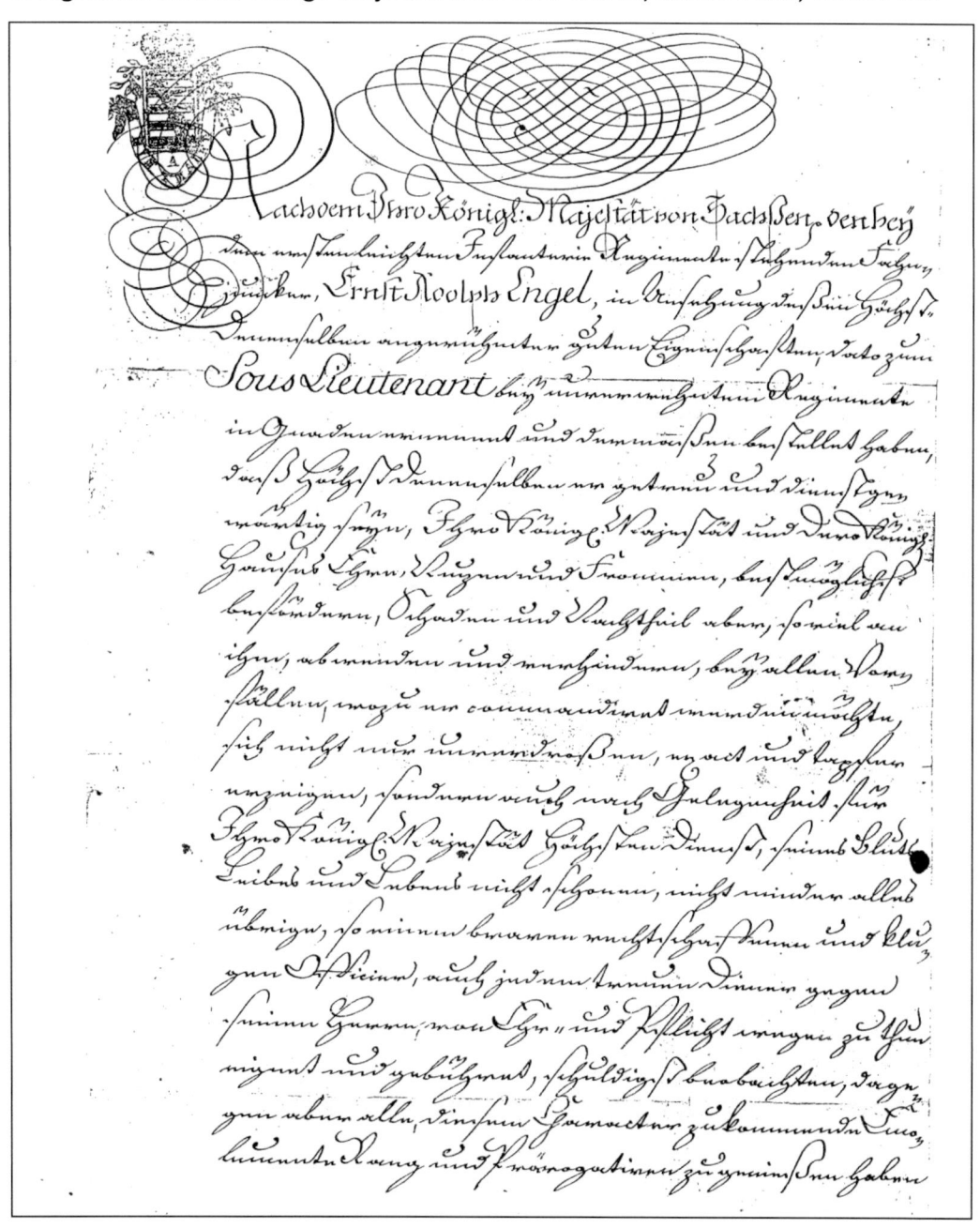

Abb. 02 Sous-Leutnants Patent für den Fahnjunker Ernst Adolph Engel vom 20.10.1811 (Vorderseite)

Lebens nicht schonen, nicht wieder alles übrige, so einen braven rechtschaffenen und klugen Officier, auch jedem treuen Diener gegen seinen Herrn, von Ehr= und Pflicht wegen zu thun eignet und gebühret, schuldigst beobachten , dagegen aber alle, diesem Character zukommenden Emolumente Rang und Prärogationen zu genießen haben soll: Als ist zu Urkund deßen, ihm gegenwärtiges Patent, unter Ihro Königl. Majestät Höchsteigenhändigen Unterschrift und vorgedrucktem Kriegs Insiegel ausgefertigt worden. So geschehen und geben zu Warschau, am Zwanzigsten October, Anno Eintausend Achthundert und Elf.

       Friedrich August

                                 Ad Mandatum
                            Sarrae Regiae Majestatis
                                    proprium

          Patent
für den bey dem ersten leichten Infanterie Regimente stehenden Fahnjunker
Engel, als Sous Lieutenant bey er-
    meldetem Regimente.
  vom 20n October, 1811   Carl Friedrich Benjamin Pietsch

Auch jedes leichte Regiment führte (über den Etat) **Fahnenjunker**[31]-Stellen. Diese Stellen wurden mit so genannten **Offizierssubjekten**[32] (junge Leute, die die Regimenter mit der Aussicht auf eine Beförderung zum Offizier annahmen) besetzt. Diese Offizierssubjekte erhielten innerhalb der Regimenter eine gesonderte Ausbildung in Form spezieller Unterhaltungsstunden, die von den Offizieren des Regiments zu allen Belangen des Dienstes gegeben wurden. Finanziert wurde diese Ausbildung u.a. durch eine erhöhte Anzahl Beurlaubter. Auch wurden über diese Offizierssubjekte besondere Listen – ähnlich denen der Offiziers-Konduitenlisten – geführt.

Die Annahme von Offizierssubjekten wurden den Regimenter im August 1811 untersagt und die Fahnenjunker-Stellen mit Feldwebel-Subjekten besetzt[33].

---

[31] Diese Fahnenjunker, welche die Rangabzeichen eines Sergeanten trugen, waren zwar bei den Linien-Regimentern, nicht aber bei der leichten Infanterie auf dem Etat. Das die leichte Infanterie dennoch Fahnenjunker führte, zeigt u.a. das Patent für den Fahnjunker Engel vom 20.10.1811.
[32] Die Verwendung der Bezeichnung Offizierssubjekte ist nicht eindeutig, es scheinen auch Unteroffiziere darunter gefallen zu sein. Ein Befehl des Divisionärs vom 01.02.1811 gibt: „Es könnte sodann, von den durch die Beurlaubung der 3 Mann gewonnen Gelder, ein Theil zu Bestreitung der Unkosten, welchen die Unterrichts- und Unterhaltungsstunden der Unterofficiers verursachen und zwar so lange verwendet werden, bis die Unterrichts-Anstalt für die Officiers-Subjekte eingerichtet sein wird."
[33] Der Divisionär ordnet am 19.08.1811 an: „ Es sollen von nun an keine jungen Leute mehr mit der Aussicht zur Officiers-Beförderung bei den Infanterie-Regimentern angenommen werden. Die

2.1.3 Unteroffiziere und Unteroffizierssubjekte, Fouriere, Chirurgen

Hinsichtlich der **Unteroffiziere** verfügte der Brigadier am 10.05.1810, dass die Unteroffiziere eines jeden Bataillons in sich avancieren. Hierzu waren Anciennitätslisten (die die Konduitenliste und die Anciennität mit einander verbinden sollten) zu fertigen. Wenn der Kommandeur den ältesten Korporal als nicht würdig für die Besetzung einer frei werdenden Sergeantenstelle befand, so war er zu übergehen. Die würdigsten Unteroffiziere – egal ob Sergeant oder Korporal – waren bei der Besetzung freier Feldwebelstellen zu ernennen. Zu Feldwebel sollten vornehmlich jüngere Leute gewählt werden, da diese dem aufreibendem Dienst mehr gewachsen waren als Ältere[34]. Sie sollten überhaupt gut gewählt werden, hatten sie doch der Kompanie als Muster zur steten Nachahmung zu dienen. In jedem Regiment gab es eine Anzahl von so genannten **Unteroffizierssubjekten**. Darunter waren Gefreite und Gemeine zu verstehen, die in der Lage waren, Unteroffiziersdienste zu leisten und auch später als Unteroffizier zu dienen[35].

Die **Fouriere**[36] wurden von den Regimentern als solche angenommen (bei fehlenden Vakanzen oft als Gemeine mit dem Versprechen, die nächste freie Stelle zu erhalten) und auf Antrag auch wieder entlassen.

Auch die **Chirurgen** wurden als solche angenommen, jedoch vom General-Stabs-Chirurgen bzw. General-Stabs-Medikus und erst nach abgelegter Prüfung. Den

---

hiesige Ritterakademie, so wie die Akademie der Artillerie, und das Ingenieur-Corps werden für die Folge die Subjecte zu Besetzung der Officiers-Stellen liefern. … Sollten unter den, bei den Regimentern gegenwärtig angestellten Kadets und Fahnjunkern solche seyn, welche keine Talente besitzen … so dürfen dergleichen junge Leute nicht länger beibehalten werden. … Bei der Linien-Infanterie sollen künftighin die zwei Fahnjunkerstellen durch Feldwebel-Subjecte besetzt werden.". Auch bei der leichten Infanterie werden weiterhin Fahnjunkerstellen besetzt: „Ich habe für nöthig befunden, den Korporal Ferber von dem 2ten leichten Infenterieregimente zu dem 1ten leichten Infanterieregimente zu versetzen, und ihm den Character eines Fahnjunkers beizulegen. Gedachter Fahnjunker Ferber wird sich in diesen Tagen wegen seiner anderweiten Anstellung bey Ew. Hochwohlgebr. melden. Sollte dermalen eine Unteroffiziersvakanz in dem Regimente nicht seyn, so wird er als Schütze einrangirt." Generalleutnant v.Lecoq an Major v.Egidy am 15.02.1812.

[34] Vollborn: „Aber der Regimentskommandeur … ernannte deshalb bei Vakanzen nur junge, fähige Unteroffiziere zu Feldwebeln. So wurde ich, obwohl erst im 21. Lebensjahr stehend, in Polen zum Feldwebel vom Obersten ernannt. Trotzdem entstand unter den weit länger gedienten Unteroffizieren der 7. Kompanie keine Unzufriedenheit …".

[35] Nach einer Liste vom 24.07.1813 verfügte das Regiment Lecoq über 4, das Regiment Sahr über kein Unteroffizierssubjekt.

[36] Befehl vom 23.10.1811: „ Der Herr Generalleutnant von Lecoq hat in Ordre vom 21ten dieses genehmigt, daß der Fourier Karl Richter wegen anderweiter Fortune von dero unterhabenden Regimente entlassen, und an dessen Stelle der vorgeschlagene Johann Christoph Karl Köhler oder auch ein anderes taugliches Subject in Zuwachs gebracht werden kann."

Ersatzbedarf zeigten die Regiments- bzw. Bataillons-Chirurgen auf dem Dienstweg an[37].

2.1.4 Offiziersburschen

Jedem Subalternoffizier wurde ein Soldat als sogenannter Offiziersbursche zur Bedienung und Aufwartung überlassen. Den Generälen und Stabsoffizieren war es durch königlichen Befehl vom 03.05.1810 untersagt, Soldaten in den Privatdienst zu nehmen. Soldaten die in den Privatdienst eines Stabsoffiziers oder Generals übernommen werden sollten, mussten vorher vom Regiment entlassen werden[38].

Die Kapitäns und Regiments-Adjutanten konnten ihre Burschen in Livree kleiden. Die Burschen der übrigen Subalternoffiziere trugen die vorschriftsmäßige Uniform. Auf Märschen trugen diese kein Gewehr sondern nur das Seitengewehr und den Mantelsack ihres Offiziers[39]. Die Tornister dieser Burschen wurden auf den Offiziers-Equipagewagen transportiert.

Sämtliche Offiziersbedienstete folgten ihrem Bataillon in militärischer Ordnung unter Aufsicht eines Sergeanten. Wenn der Offizier unterwegs seines Aufwärters bedurfte, so musste er ihn rufen lassen und nach erledigtem Geschäft wieder zurück schicken.

Der Offizier war für alle Ungebührnisse seines Burschen verantwortlich und finanziell haftbar. Den Offizieren wurde daher angeraten, sorgfältig und vorsichtig bei der Wahl der Burschen zu Werke zu gehen.

---

[37] Am 05.12.1811 wurde festgelegt, dass sich die Regiments- und Bataillons-Chirurgen zum Ersatz eines abgegangenen Kompanie-Chirurgen nicht mehr direkt an den Generalstabs-Medikus Dr. Raschig wenden dürfen, sondern der Regiments- oder Bataillons-Kommandant den Ersatz beim Divisionär zu beantragen hat.

[38] Befehl des Generalmajors v.Sahr an den Major v.Egidy vom 26.10.1811: „ Ew. Hochwohlgebr. habe ich in Ordre vom gestrigen Dato bereits bekannt gemacht, daß der Herr Divisions General v.LeCoq auf meinen Vortrag den Schützen Christian Krüger von dem dero Kommando unter-gebenen ersten leichten Infanterie Regimente und der 1sten Kompagnie, den Abschied ohne Präjudiz der Invaliden Kasse bewilligt haben, um solchen in meinen Privatdienst zu nehmen. Ich habe jedoch mit diesem Manne folgenden Akkord getroffen, daß dessen Abschied beim Regimente liegen bleiben soll, bis ich Ew. Hochwohlgebr. ersuche solchen auszuhändigen, und so lange bleibt derselbe verpflichtet, seine Kapitulation bis zum Jahre 1814 auszudienen.
Denn in dem Falle, daß derselbe sich weigern sollte, bei einem eintretenden Marsche in meinen Diensten zu bleiben, oder ich Ursache hätte mit ihm unzufrieden zu sein, so würde ich denselben an die Kompagnie zurückgeben, wo er neuerdings in Listen zu bringen wäre…"

[39] Im Feldzug von 1812 mussten die Offiziersburschen ihre Gewehre nebst Bajonett, Flinten-riemen und Krätzer sowie ihre Patronentasche abgeben. Diese sollten dann gesammelt nach Dresden zurückgeschickt werden (Befehl vom 11.03.1812)

2.1.5 Offizierspferde

Reglementsmäßig beritten waren die Stabsoffiziere (auch die aggregierten), die Regiments-Adjutanten, der Bataillons-Chirurg und der Auditeur[40]. Weiterhin hatten alle Offiziere, die das 40. Lebensjahr erreicht hatten, sowie diejenigen Offiziere, welche erwiesenermaßen krankheitsbedingt zur Haltung eines Pferdes genötigt waren, Anspruch auf 1 Ration und somit ein Pferd[41].

2.1.6 Equipagesoldaten und Equipagepferde

Zum Transport der Regimentsbagage sah der Mobilmachungsentwurf vom 30.04.1811 für ein Regiment 1 Equipage-Sergeanten und 8 Equipagesoldaten[42] sowie 31 Pferde[43] vor. Zum Wagenpark gehörten ein vierspänniger Stabswagen, 6 vierspännige Rüstwagen und ein zweispänniger Medizinwagen. Der Equipage-Sergeant war beritten.

Am 11.08.1811 wurde verfügt, dass die noch fehlenden Equipagesoldaten aus der alten Mannschaft des Regiments vorläufig zu nehmen seien. Sie sollten in den Listen erst bei einer Mobilmachung als Equipagesoldaten geführt werden und auch nur dann, wenn sich unter den dann eintreffenden Ersatzrekruten keine hierzu brauchbaren Subjekte befanden.

2.2 Die Regimentsschützen

Nach den Verfügungen des Exerzierreglements von 1804[44] und dem Unterricht der Scharfschützen von 1804[45] stellte jede Kompanie 1 Unteroffizier und 10

---

[40] Feldverpflegungsreglement vom 09.03.1812

[41] u.a. Brigadebefehl der Brigade Nostitz vom 11.03.1812. Beim 1.leichten Regiment betraf 1812 die Altersregelung die Capitains v.Bülow und v.Schlegel (Brigadebefehl vom 14.03.) und die Krankheitsregelung den Capitain v.Egidy 1 (Befehl vom 23.03.). Beim 2.leichten Regiment betraf es 1813 den Premierleutnant Zychlinsky (Befehl vom 20.04.1813) und wegen Verwundung die Hauptleute v.Marschall und Schindler sowie die Leutnants v.Brandenstein, v.Scheubner, v.Elterlein, v.Klingguth, v.Germar und Verlohren (Befehl vom 19.05.).

[42] Im Entwurf vom 30.04. werden sie noch als Wagenmeister und Knechte bezeichnet.

[43] Hinsichtlich der Pferde wurde das 1. Leichte Regiment am 25.09.1811 in Kenntnis gesetzt, dass die 31 Pferde im Falle eines Marsches von folgenden Ämtern geliefert werden:
  8 Pferde   vom Stiftsamt Mügeln
 16 Pferde   vom Amt Düben
  7 Pferde   vom Erbamt Grimma

[44] V. Abschnitt, § 15: „ Die Scharfschützen, und zwar sechs derselben, erhalten ihren Platz hinter dem rechten Flügel des ersten Zugs; die übrigen vier aber, nebst dem Schützenunteroffizier hinter dem rechten Flügel ... der zweiten halben Division, in der Linie der schließenden Unterofficiers."

[45] § 10 – Bey jeder Compagnie sind 10 Scharfschützen befindlich, über welche ein Unter-Officier gesezt ist ... Zu diesen Schützen wird von jedem Bataillon ein Officier als Commandant derselben, und ein Tambour oder Pfeifer ... commandirt.

Mann als Schützen ab. Da die Bestimmungen des Exerzierreglements für 1810 unverändert übernommen wurden, betrug der Etat der Regimentsschützen je Bataillon:

1 Offizier	1 Tambour oder Pfeifer
4 Unteroffiziere	40 Gemeine

Bereits für 1808 werden 12 Schützen (statt der 10 laut Reglement) zzgl. des Schützenunteroffiziers beschrieben[46].

Die Regimentsschützen wurden 1810 von den Regimentern zu Beginn der Exerzierzeit – wohl nach erhofften Eigenschaften – ausgewählt[47].

In den Ordre-Extrakten der leichten Infanterie-Depots wird ein Befehl des Generalmajors v.Dyherrn „Die Aufstellung und Eintheilung der Schützen bei den Linien-Infanterie-Regimentern betreffend" vom 04.03.1812 aufgeführt. F.E. Aster schreibt in seinem Tagebuch zur Revue am 01.06.1812 vor dem König von Westphalen: „Bis auf weiteres werden ein für allemal die Schützen im 3n Gliede auf dem linken Flügel jeder ½ Division gestellt, sie werden ... vom Capitain in Züge eingeteilt ... No.1 – 6 stehen im 3n Glied der 1sten ½ Division und No.7 – 12 im 3n Glied der 2n ½ Division ...". Es ist wohl davon auszugehen, dass das Vorziehen der Schützen von der Linie der schließenden Unteroffiziere ins 3. Glied Inhalt der Dyherrn'schen Ordre war.

2.3   Die Jäger

Der Etat des Jägerkorps

1 Capitän	11 Oberjäger
1 Premierlieutenant	3 Signalisten
2 Souslieutenants	2 Waldhornisten
1 Feldwebel	1 Serpentist
1 Sergeant	100 Jäger
1 Chirurg	2 Train-Soldaten mit 4 Pferden

Insgesamt 126 Mann mit 4 Pferden.

Zu Jägern angenommen wurden nur Jagdburschen, die die Jägerei bei einem sächsischen Forstbediensteten erlernt hatten[48].

---

[46] Vollborn (Abschnitt A, Seite 1): „ Die sogenannten 12 Scharfschützen p. Compagnie wurden in 2 gliedriger Aufstellung nach dem Flügelhorn im Blänkern geübt, standen nicht mit in der zugehörenden Compagnie sondern zu 6 und 6 Man in einem Gliede hinter den beiden halben Divisionen, in der Reihe der schließenden Unteroficiere."

[47] Am 28.08.1810 befahl der Oberst v.Mellentin, dass: „... die Hr. Kompagnie Kommandanten die Schützen sogleich nach dem Eintreffen der Beurlaubten bestimmen sollen; doch können selbige wieder ausgetauscht werden, wenn man sieht, daß man sich in einem Mann geirrt hat."

Die Offiziere werden anfangs – außer dem Kommandanten – von der leichten Infanterie zum Korps kommandiert. Erst ab 1812 werden durch die Beförderungen der Feldwebel Bogenhardt (Patent vom 19.02.1812) und Krebs (Patent vom 15.03.1813) zu Sousleutnants korpseigene Jägeroffiziere angestellt.

3. Die Uniformierung

Die Neuuniformierung der gesamten Infanterie basierte hinsichtlich der **Uniform der Infanterie-Offiziere** auf einem **königlichen Befehl vom 20.03.1810**. Dieser legte folgendes fest:

Uniformrock

Die Uniform hatte so lang zu sein, dass beim knieenden Offizier die Rockschöße 3 Zoll (7,1 cm) von der Erde entfernt sind.

Die Rockschöße sollten 4 Zoll (9,4 cm) länger als der Leib (gemessen von den Taillenknöpfen bis an die Kragennaht) sein.

Der Kragen sollte an der hinteren Naht 4 ½ Zoll (bei Offizieren mit langem Hals auch 5 Zoll, bei solchen mit kurzem Hals bis 3 Zoll oder 7,1 – 11,8 cm) sein. Er durfte aber niemals so breit sein, dass er über das Kinn und die Backen geht. Das Halsbindenstreifchen musste zu sehen sein.

Die Aufklappen sollten am oberen Rand 5 ¼ , in der Mitte 3 ½ und am unteren Rand 3 ⅜ Zoll (12,4 / 8,3 / 8,0 cm) breit sein. Die Länge der Klappen bestimmte sich nach der Länge des Offiziers und musste so eingerichtet sein, dass stets 2 Knöpfe der Weste zu sehen waren. Die auf den Klappen befindlichen 8 Knopflöcher waren zu 2 und 2 zu setzen. Die Klappen waren zum Überknöpfen einzurichten.

Die Taschenpatten waren nach dem Verhältnis der Stärke des Offizier einzurichten.

Die Ärmelaufschläge hatten 4 Zoll (9,4 cm) breit zu sein.

Die Taillenknöpfe waren in Abhängigkeit von der Statur des Offiziers 3 bis 6 Zoll (7,1 – 14,2 cm) auseinander.

Die Falten des Hinterschoßes waren unter das Vorderteil zu schieben und festzunähen. Die untere Breite von Vorder- und Hinterschoß zusammen sollte ½ Elle (28,3 cm) (aber nicht weniger, bei stärkerer Statur auch breiter) sein.

Weste

Diese hatte so lang zu sein, dass der unterste Knopf in der Biegung des Leibes stand.

Sie war mit einem verhältnismäßigen stehenden Kragen zu versehen.

---

[48] So wird am 16.01.1811 das Versetzungsgesuch des Gemeinen Friedrich Daniel Stoehr vom 1. leichten Regiment zum Jägerkorps abgelehnt: „weil dieser Mann die Jägerei nicht bei einem Königl. Sächs. Forstbedienten, sondern im Ausland erlernt habe.".

Die Schöße waren 6 Zoll (14,2 cm) lang. War der unterste Knopf geschlossen, sollten die Spitzen 12 Zoll (28,3 cm) auseinanderstehen.

Beinkleider

Werden nach der bisher eingeführten Probe weiterhin getragen.

Der blaumelierte Interimsrock (Frack)

Länge wie beim Uniformrock und die Rockschöße waren ebenfalls 4 Zoll (9,4 cm) länger als der Leib.

Der Frack war vorn mit 2 Reihen Knöpfen, in gerader Linie stehend, versehen. Wenn der Rock völlig zugeknöpft war, mussten die Knöpfe in einer Entfernung von 4 ½ Zoll (10,6 cm) zueinander stehen. In jeder Reihe waren, abhängig von der Größe des Offiziers 9 bis 12 Knöpfe aufzusetzen.

Der Frack war vorn genauso lang wie der Uniformrock.

Die Klappen waren mit demselben Tuch in Doblürenfarbe besetzt, wie Kragen und Aufschläge.

Der Frack ist mit einer kleinen länglichen Patte versehen, welche in der Linie der Rochschöße aufgesetzt und mit 3 Knöpfen versehen ist. Der oberste Knopf muss den Taillenknopf gleich sen.

Die Taschenpatte wird ebenfalls mit einem Seitenpättchen, welches auch 3 Knöpfe (unten, Mitte, oben) hat, versehen. Der 3. Knopf macht den Falten- und Taillenknopf aus, welcher ohne Faltenträger aufzusetzen ist.

Der Frack wird mit dem gleichen Futter wie der Uniformrock gefüttert, unaufgenäht aufgeschlagen, und ist sonst, wie bei der Uniform.

Die untere Breite der Rockschöße, die Entfernung der Taillenknöpfe, die Breite des Kragens und der Aufschläge ist wie beim Uniformrock.

Die Interimsuniform wird durchgängig mit kleinen Knöpfen besetzt. Zu diesem Rock werden Unterkleider von hellgrau meliertem Tuch ohne alle Tressen- oder sonstige Bortenbesetzung getragen.

Bei der Infanterie fallen die Säbel durchgängig weg.

Der Divisionär, Generalleutnant v.Lecoq gab seiner Division bei der Übermittlung des königlichen Befehls vom 20.03. folgende **Erläuterungspunkte vom 01.04.1810**:

Zu den Interimsröcken, den grauen Beinkleidern und den Doblüren wurden Proben beigelgt, die allerdings nur in Hinsicht der Farbe, nicht aber wegen der Qualität des Tuches Maßstab sein sollten. Den Regimentskommandeuren wurde empfohlen, die Tuchanschaffungen im Ganzen für das gesamte Offizierkorps eines Regiments wegen der daraus folgenden Gleichförmigkeit zu erledigen.

Zur Uniform wie zum Frack werden lange Beinkleider getragen. Pantalons dürfen in der Garnison nicht getragen werden.

Für die Lineninfanterie sind die Stiefel ungarischer Art allerhöchst nicht genehmigt worden. Die Quasten an den noch gangbaren Stiefeln waren sofort abzuschneiden.

Die Aufklappen an der Uniform gehen bis an den Schluss gerade herunter.

Beim Frack soll keine Weste sichtbar sein.

Dass Tragen von Ärmelwesten mit mehreren Knopfreihen und starker Gold- oder Silberbesetzung gleich den Husaren-Offizieren wird allerhöchst bei der gesamten Infanterie ein für alle Mal untersagt.

Die mit ½ Elle oder 12 Zoll angegebene Mindestbreite der Schöße wurde dahin abgeändert, dass sie bei einem kleinen oder mageren Offizier auch 1 bis 2 Zoll (2,4 – 4,7 cm) geringer sein kann. Die Schöße sind bei den Fracks weiß gefüttert und aufgehakt.

Der Kragen der Uniform und des Fracks sollte ein sogenannter Leistenkragen sein.

Die bisherige Facon des Degens wurde beibehalten, um den Offiziers eine neue Ausgabe zu ersparen. Den Offizieren der leichten Infanterie wurde eine Vorschrift zum Säbel angekündigt.

Als Kopfbedeckung im Dienst wird der Tschako eingeführt, wozu noch eine Vorschrift folgen soll. Außer dem Dienst können die Offiziere aber Hüte, die mit einem breiten schwarzen Band eingefasst sind. Als Zier waren Cordon und Agraffe erlaubt, in den Cordons musste karmoisin zu sehen sein. Die Größe des Hutes vorn 10 ½ Zoll (24,8cm) und hinten 13 Zoll (30,7 cm) hoch sowie auf jeder Seite 7 Zoll (16.5 cm) lang, alles von außen gemessen. Es wurde nachgegeben, dass die Proportion des Offiziers auch bei der Größe des Hutes zu berücksichtigen sei, alles Auffallende sollte dabei aber vermieden werden.

Die Halsbinden hatten von schwarzem Samt zu sein.

Die Offiziere durften im Dienst und in der Garnison einen Überrock tragen. Bei ungünstiger Witterung durften sie Kapots mit großem Kragen tragen. In all diesen Sachen hatte aber innerhalb eines Regiments Gleichförmigkeit zu herrschen. Die Regimentskommandeure durften hierzu eigene Vorschriften erlassen, allerdings war durchgängig die graue Farbe anzunehmen.

Es werden Spenzer eingeführt. Sie müssen jedoch gleichförmig und genau von den Farbe der Uniform sein.

Zu den Schleifen auf den Kragen der Auditeurs, Regiments-Quartiermeister und Chirurgen wurde noch eine Vorschrift in Aussicht gestellt.

Die Offiziere sollten auf ihre Haartracht mehr Aufmerksamkeit verwenden. Auch sollte die Ordnung und Reinlichkeit im ganzen Anzug des Offiziers mehr Beachtung finden.

Für die Offiziere der leichten Infanterie lag ebenfalls eine Tuchprobe in Hinsicht der Gleichförmigkeit in der Farbe bei. Die Offiziere hatten sich hinsichtlich der Facon des Rockes nach der Vorschrift für den Frack der Linien-Infanterie-Offiziere zu richten. Die Knöpfe sollten platt mit eingegrabener Regimentsnummer sein. Die grauen Beinkleider hatten keine Besetzung, weder von Gold noch von einer anderen Farbe zu haben. Die grünen Beinkleider aber sollen eine einfache Goldbesetzung haben. Die Beinkleider des Herrn Major v.Selmnitz (2.leichtes) sollen hier als Vorschrift dienen.

Was an den bereits beschafften Uniformen ohne großen Aufwand abänderbar ist, sollten die Offiziere abändern lassen. Spätestens mit der neuen Einkleidung der Mannschaft – Herbst 1810 oder Frühjahr 1811 – hat das Offizierskorps nach der Vorschrift gekleidet zu sein.

Diejenigen Regimenter, die noch keine Ringkragen neuer Facon haben, sollen diese sofort im Ganzen anschaffen.

Hinsichtlich der **Mannschaftsuniformen** übersandte der Divisionär am **18.04.1810** den Brigadiers die Leute mit den Probeuniformen für die Regimenter der jeweiligen Brigade[49]. Der Divisionär führte im Begleitschreiben hierzu folgendes aus:

Die Probeuniformen entsprechen genau der Uniform, die der König genehmigte und die auf königlichen Befehl im Geheimem Kabinett besiegelt worden waren. Die Regimenter können daher nach diesen Probeuniformen arbeiten lassen.

Da keine besonderen Punkte dazu gegeben wurden, hat der Divisionär nach den Probeuniformen Pappschnitte[50] zu den Kragen, Klappen, Aufschlägen und Dragonern fertigen lassen, die mit übersandt werden.

Der Rock ist mit 2 Reihen Knöpfen versehen, welche der Länge nach gleich weit (2 ½ Zoll oder rund 6 cm) auseinanderstehen.

Die Länge der Klappen ist bei einem Mann mittlerer Größe 13 Zoll (30,7 cm) und verlängert oder verkürzt sich, je nach der Größe des Mannes. Die Breite der Klappen ist am obersten Heftel im rechten Winkel gerade herüber gemessen 4 ¼ Zoll (10 cm), in der Mitte 3 ¼ Zoll (7,6 cm) und unten 3 Zoll (7 cm). Die Breite der

Klappen vom obersten Heftel nach der mit dem Kragen schräg auslaufenden Spitze wird dadurch selbst bestimmt.

Der Rockschoß muss von der Klappe nach und nach abfallend geschnitten sein, damit er die Seite des Oberschenkels gehörig bedeckt. Die Länge der Rockschöße war 14 Zoll (33 cm) (gemessen von den Taillenknöpfen) und hatten diese den

---

[49] Der Brigadier der leichten Brigade übersandte diese am 22.04.1810 an seine unterhabenden Regimenter.
[50] Die Pappschnitte haben sich in den Archivbeständen bisher leider nicht auffinden lassen.

Hintern des Mannes völlig zu bedecken und noch darüber hinaus zu gehen[51]. Der Aufschlag war nicht mit Boy sondern von Tuch, fest aufgenäht und mit seinem schmalen Vorstoß vom scharlachrotem Tuch versehen[52]. Der Knopf des Rockschoßes war 3 ½ Zoll (8,3 cm) vom unteren Ende gemessen angenäht. Der Rockschoß sollte unter 4 ½ Zoll (10,6 cm) breit und so geschnitten sein, dass sie, wenn der Mann etwas in den Rockschoßtaschen hatte, nicht auseinanderstanden.

Der Kragen geht hinten hoch hinauf über die Halsbinde, um den Nacken des Mannes zu bedecken und läuft nach vorn soweit ab, dass dort das Bindenstreifchen ganz zu sehen ist. Die Höhe des Kragens wird durch die Länge des Halses bestimmt. Der Kragen muss weit sein, da er vorn ganz zusammengeht und mit 3 Hefteln geschlossen wird.

Der Ärmelaufschlag ist in der Mitte spitz geschnitten, hat in der Spitze 4 Zoll (9,4 cm) und läuft bis auf 3 Zoll (7 cm) ab. Ein Knopf ist auf dem Aufschlag, ein Knopf auf dem Ärmel.

Die Dragoner sind in den Kragen an der Achselnaht angenäht, an der Ärmelnaht angeknöpft, mit einer Spitze versehen und mit scharlachrotem Tuch gefüttert[53]. Die Dragoner sind am Kragen 1 Zoll (2,4 cm) und über der Spitze 2 ½ Zoll (6 cm) breit.

Die Weste (Gilet) schneidet mit dem Rockklappen unten ab, ist ohne Schöße und hat einen nicht so hohen Kragen wie der Rock. Die Ärmel werden vom Mann selbst nach seinen Bedürfnissen eingenäht und haben keinen Aufschlag.

Die Hosen gehen hoch hinauf und auch bis über die Wade (ca. 2 – 3 Zoll über den Knöchel). Sie dürfen nicht zu eng sein und müssen besonders viel Schritt haben. Ungeachtet dieser Weite dürfen die Hosen aber, wenn sie mit den Hosenträgern heraufgezogen sind, keine auffallenden Falten werfen. Die obere Breite des Latzes (ohne Biese) ist 2 Zoll (4,7 cm) , die untere 5 Zoll (11,8 cm). Die Länge der Biese ist 10 Zoll (23,6 cm), deren obere Breite 1 Zoll und deren untere Breite 2 Zoll und endet in einer Spitze. Die Hose hat 2 Taschen.

Die Gamaschen sind für einen Mann mittlerer Größe 12 Zoll oder ½ Elle (28,3 cm) lang und reichen bis zur halben Wade. Sie müssen so geschnitten sein, dass sie vorn bis weit auf den Schuh gehen und hinten bis an den Absatz reichen[54].

Die Schuhe waren nach der Probe zu fertigen.

---

[51] Der Divisionär befand die Rockschöße an der Probeuniform der Regiments Prinz Friedrich für zu kurz. // Die Neuuniformierte K.S.Armee gibt an, dass die Rockschöße der Offiziere mit goldenen Jagdhörnern und die der Mannschaft mit solchen von rotem Tuch verziert waren.
[52] Die Ordre des Divisionärs war für seine gesamte Division, also auch für die Linienregimenter Prinz Max, Rechten, Prinz Friedrich und Prinz Clemens bestimmt. Ob die Festlegung der scharlachroten Vorstöße auch für die Linie galt, ist noch zu verfizieren.
[53] sh. vorherige Anmerkung
[54] Die Gamaschen hatten messingne Knöpfe (Befehl Major v.Rade 21.04.1813)

Die Haare der Unteroffiziere und Mannschaften waren bei jeder Gelegenheit ungepudert zu tragen. Die Haare waren von Zeit zu Zeit stufenartig zu verschneiden. Vorn waren sie in die Stirn gekämmt (Länge bis Mitte Stirn) zu tragen. Das Waschen der behaarten Stellen des Kopfes wurde anempfohlen.

Das Streifchen der Halsbinde war so aufzuhähen, dass ¼ Zoll desselben außerhalb übergebogen sichtbar war. Bei geschlossenem Rockkragen sollte der Soldat die Halsbinde etwas in die Höhe ziehen, damit vorn das Streifchen und ein Teil der Halsbinde sichtbar ist.

Der Brigadier ergänzte in seinem Anschreiben, dass das grüne Tuch nicht zur Probe dient, da es hier von der Farbe, wie sie für die Offiziere gegeben worden war, nicht zu beschaffen gewesen war. Die Regimenter sollten sich daher an den vom Generalmajor v.Gersdorff vorgeschlagenen Tuchfabrikanten wenden, um Tuch von der grünen Farbe zu bekommen, wie sie der der Offiziere am ähnlichsten ist. Für die Tressen der Unteroffiziere wollte der Brigadier die Proben selbst mitbringen.

3.1 Die Uniformierung der leichten Regimenter

Die bei Holtzendorff[55] abgedruckte **königliche Verfügung vom 18.10.1809** bestimmte hinsichtlich der Uniform:

Unteroffiziere und Gemeine tragen den Rock von russisch- oder Bouteillen-grünem Tuche, ohne Aufklappen, zum Uebereinanderknöpfen, mit schwarzen Aufschlägen, stehendem Kragen, roth vorgestoßen, gelben Knöpfen, grüner Weste, grauen langen Hosen mit rothem Vorstosse und kurzen, bis an die Wade reichenden schwarzen Gamaschen mit gelben Knöpfen; hiernächst einen Tzako mit Bataillenbändern, grünen Cordons, weissen Feldzeichen, Agraffe und gelbem Schilde, worauf die Nummer des Bataillons und ein Jägerhorn bemerkt ist; grünen Federstutz, schwarze Halsbinde und grauen Capot. Die Bataillone sind durch die im Schilde des Tzakos und auf den Knöpfen angebrachten römischen Nummern unterschieden. Das Kuppel und der Patronentaschenriemen sind von schwarzem Glanzleder und die Patronentasche mit einem Jägerhorn von Messing bezeichnet. Das Kuppel, an welchem der allerhöchste Namenszug und Krone angebracht ist, wird en bandouliére und an dem Pallasche eine Quaste mit dem Compagniezeichen getragen. Der Tornister von Kalbfell mit schwarzen weichen Riemen. Die Gewehrriemen sind mit Schnallen anstatt der Knöpfe zu versehen.

Die Offiziere haben die Uniform ganz wie die Mannschaft, jedoch mit langen Schössen. Bei kalter Witterung tragen selbige einen Spencer und Mantel von grauem Tuche. Die Tzakos sind mit goldener Tresse besetzt, und mit silbernen Cordons, bei den Stabsoffizieren mit Bouillons, bei den Capitainen und

---

[55] S.326, Beilage 8

Subalternoffizieren aber mit Crepinen versehen. Außer dem Dienst tragen die Offiziere gewöhnliche Hüte, und lange grüne Unterkleider mit einer leichten Besetzung von Gold; nur in letzterwähnten Unterkleidern dürfen sie bei Hofe erscheinen; im Dienste sollen sie grauer Unterkleider, zur Parade mit einer leichten Besetzung von Gold, übrigens kurze ungarische Stiefeln, zur Parade mit Goldeinfassung, kurze Pallasche mit gelben Scheiden an schwarzlackirten Kuppeln tragen. Ringkragen mit darauf befindlicher Armatur.

Die Stabsoffiziere und Adjutanten haben ungarische Pferde-Equipage, grüne Ueberdecken mit schwarzem ausgezackten Besatze mit goldener Rundschnur, wie die Chevauxlegers.

Dem folgt die **Stamm- und Rangliste von 1810** weitestgehend und gibt für die Uniformierung folgendes:

Uniform. Unterofficiere und Gemeine tragen den Rock von dunkelgrünen Tuche zum Uebereinanderknöpfen mit schwarzen Aufschlägen, stehenden Kragen, roth vorgestoßen, gelben Knöpfen, grünen Gilet, grauen langen Hosen mit rothen Vorstoß und kurzen bis an die Wade gehenden schwarzen Camaschen mit gelben Knöpfen; hiernächst ein Tschako mit *Bataillen-Bändern,* grünen Cordon, weißen Feldzeichen, Agraffe und gelben Schild, *worauf die Nummer des Regiments und ein Jägerhorn bemerkt ist,* grünen Federstutz; schwarze Halsbinde und grauen Capot. Die Regimenter sind durch die Nummern, welche *nicht nur am Schilde des Tschako, sondern auch* auf den Knöpfen angebracht, unterschieden. Das Kuppel und der Patronentaschenriehm ist von schwarzen Glanzleder und die Patronentasche mit einem Jägerhorn von Messing bezeichnet. Das Kuppel, *an welchem der allerhöchste Namenszug und Krone angebracht ist,* wird en bandoulière, *und an den Pallasch eine Quaste* getragen. Die Officiere haben die Uniform ganz wie die der Unterofficiere und Gemeinen, jedoch mit langen Schößen wie bei der übrigen Infanterie; im gewöhnlichen Dienst tragen sie graue Unterkleider ohne Besatz; in Parade lange grüne Unterkleider mit einer leichten Besetzung von Golde; Stiefeln, Säbeln gleich den Chevaulegers, an schwarz lackirten Kuppeln, nebst Ringkragen mit darauf befindlicher Armatur; außer dem Dienste gewöhnliche Hüte. Bei kalter Witterung tragen selbige einen Capot von grauen Tuch. Die Tschakos der Officiere haben goldenen Besatz und silberne Cordons, bei den Stabsofficieren mit Bouillons, bei den Capitäns und Subaltern-Officieren aber mit Crepinen versehen.

Pferde-Equipage. Die Stabsofficiere und Adjutanten haben ungarische Pferde-Equipage, und grüne Ueberdecken nach der Form der Chevaulegers[56].

---

[56] Die Stabsoffiziere sollten zur Auszeichnung Winkel (so genannte Sparren) von derselben Tresse wie der Besatz ist und in der Breite eines Fingers auf den Schabracken führen und zwar der Major zwei der Sparren von Gold; der Oberstleutnant drei, davon den Mittleren von Silber; der Oberst drei von Gold; der Regimentsadjutant keinen; der Kapitän (wenn er die Funktion eines Majors verrichtet) einen Sparren von Gold. … Es ist den Herrn Staabsoffiziers und den Regiments-

Kursiv geschrieben sind die Textstellen, die ab der Stamm- und Rangliste von 1812 fehlen. Hierzu folgende Anmerkungen:

Bataillen-Bänder: Die Tschakos waren mit Schuppenketten (Schuppen von Messing) versehen. Warum diese nicht mehr aufgeführt (zumal sie bei der Linien-Infanterie weiterhin genannt) werden, kann derzeit nicht beantwortet werden.

Tschakoblech (Gelbes Schild): Alles deutet darauf hin, dass die leichten Regimenter dieses spezielle Tschakoblech mit Jagdhorn und Regimentsnummer nicht erhielten, sondern auf das für den Rest der tschakotragenden Einheiten übliche gekrönte Schild mit dem Namenszug FAR zugriffen. Der Wegfall des Namenszuges auf dem Koppel und der Hinweis, dass sich die Regimenter nur durch die Nummern auf den Knöpfen unterschieden, bestärkt diese Annahme.

Holtzendorff gibt[57] an verordneten Veränderungen zum 01.05.1810 folgendes:

Die Mannschaft erhielt eiförmige Pompons von Wolle, deren Farbe die Compagnie bezeichnete; 1.Compagnie weiß; 2. gelb; 3. roth und 4. blau; das 2. Bataillon dieselben Farben mit einer weißen Umfassung. Der Federstutz wurde nur zur Parade getragen; niedrige weiche Mützen mit Schirm zum Einschlagen, welche unter die Patronentasche geschnallt wurden. Bei den Offizieren fiel der Spencer weg; zum gewöhnlichen Dienst lange graue Beinkleider ohne Besatz, in Parade dergleichen grüne mit einer leichten Besetzung von Gold; der Tzako erhielt oben herum den Rautenkranz in goldener Stickerei; zur Parade einen goldenen, tulpenförmigen Pompon, in welchen der Federstutz gesteckt wurde, zum gewöhnlichen Dienst einen grünen Pompon mit goldener Flamme.

3.1.1 Haltezeiten

Die Haltezeiten der Leibesmontur (Rock und Gilet) war auf 3 Jahre bestimmt. Die Unteroffiziere erhielten, da deren Leibesmontur durch das fast ständige Tragen einer größeren Abnutzung ausgesetzt war, zur Mitte der Haltezeit (also nach 1 ½ Jahren) einen neuen Rock und eine neue Ärmelweste.

Die erste Haltezeit für die Uniformen der leichten Regimenter begann am 01.05.1811 und endete am 01.05.1814. Die Unteroffiziere erhielten zum 01.11.1812 ihre neue Garnitur[58].

Die Mäntel hatte eine Haltezeit von 6 Jahren und waren 1807 erstmalig angeschafft worden.

Adjutanten gestattet, sich zu den gewöhnlichen Dienstverrichtungen … einer Interims-Schabracke zu bedienen …" (Befehl des Generalleutnants v.Lecoq für die Linien-Infanterie vom 16.06.1810).

[57] S.326, Beilage 8. Ein Nachweis, wie bei Einführung der Pompons als Kompaniezeichen mit den Quasten an den Pallaschen verfahren wurde, war bisher nicht aufzufinden

[58] Der Generalleutnant von Gersdorff erteilte am 24.07.12 den Wirtschaftskommissionen bei den Depots der leichten Regimenter die Resolution, dass die auf den 01.11.1812 fällige Leibesmontur gefertigt und die hierfür benötigten Tücher angeschafft werden sollen.

3.1.2 Materialbedarf

Für die Leibesmontur wurde an Material gerechnet:

Rock (3 Jahre Haltezeit)

2 ⅝ Ellen grünes Tuch	³⁄₈ Ellen schwarzes Tuch
³⁄₁₆ Ellen rotes Tuch	2 Ellen Futterleinwand
11 Paar Hefteln und Schlingen	11 Groschen Macherlohn

Ärmelweste (3 Jahre Haltezeit)

1 ¾ Ellen grünes Tuch	¹⁄₁₆ Ellen schwarzes Tuch
1 ¼ Ellen Futterleinwand	
3 Paar Hefteln und Schlingen	6 Groschen Macherlohn

Bei 1.610 Mann (+ 120 Unteroffiziere doppelt) ergab sich ein Gesamtbedarf an
7.043 ¾ Ellen (+ 525 Ellen) grünes Tuch
  704 ⅜ Ellen (+ 52 ½ Ellen) schwarzes Tuch
  301 ⅞ Ellen (+ 22 ½ Ellen) rotes Tuch
5.232 Ellen (+ 390 Ellen) Futterleinwand
32.540 Paar (+ 1.680 Paar) Hefteln und Schlingen

Als Verzierung (Chamarure) wurden auf 1 Hornisten gegeben:

6 ⅖ Ellen grünes mit Gold durchwirktes Band zur Besetzung des Kragens, der Rabatten und der Aufschläge
4 Ellen drgl. schmales zur Besetzung der Knopflöcher u. als Litze auf dem Kragen
4 goldene Quästchen am Kragen
1 roter Federstutz

Auf 2 Stabs- und 24 Kompanie-Hornisten ergibt dies

166 ⅖ Ellen breitere Borte	104 Ellen schmalere Borte
104 goldene Quästchen	26 rote Federstütze

Mantel (Haltezeit 6 Jahre)

5 ½ Ellen graues Tuch	¹⁄₁₁₂ Ellen schwarzes Tuch
2 Metall- und 8 Lederknöpfe	8 Groschen Macherlohn

Bei 1.610 Mann ergab sich ein Gesamtbedarf an
8.855 Ellen graues Tuch
   14 ⅜ Ellen schwarzes Tuch
3.220 Metall- und 12.880 Lederknöpfe

3.1.3 Beimontierung

Die Beimontierung war auf eine Haltezeit von 2 Jahren berechnet. Auf jeden Mann waren ein großes und ein kleines Beimontierungsbuch[59] angelegt, in welchem die Stücke und deren Geldwert den erhaltenen Beimontierungsgeldern gegenüber gestellt wurden. Aus dieser Berechnung ergab sich dann das Guthaben bzw. die Schuld des Einzelnen.

An Beimontur wurden lt Holtzendorff[60] gegeben:

	Uffz.	Mann	Thaler	Gr.	Pf.
Hemden	5	4	-	17	-
Paar. lange Tuchhosen	3	2	2	4	6
Paar weiße Leinwandpantalons	3	2	1	-	-
Paar Schuhe	4	3	1	5	-
Paar Sohlen mit Aufnähgeld	4	3	-	9	-
Paar schwarze Tuchgamaschen	2	2	-	19	-
Paar weiße Leinwandgamaschen	2	-[61]	-	7	9
Schwarze tuchene Halsbinde	2	2	-	3	-
Grüne tuchene Mütze	2	2	-	5	6
Paar wollene Socken	2	2	-	8	-
Federstutz	1	1	-	6	-

Das monatlich gutzuschreibende Beimontierungsgeld betrug 17 Groschen und 2 Pfennige für den Schützen sowie 1 Thaler für den Unteroffizier.

Innerhalb der 2jährigen Haltezeit belief sich das gutgeschriebene Beimontierungsgeld für den Schützen auf 17 Thaler 4 Groschen und entsprach damit exakt dem Wert der in dieser Zeit gegebenen Beimontierungsstücke. Der Unteroffizier bekam 24 Thaler gutgeschrieben, dem ein Wert der Beimontierungsstücke von 23 Thalern 5 Groschen 6 Pfennigen[62] gegenüberstand. Jeder neu ernannte Unteroffizier erhielt zur Ausstattung mit den notwendigen Propretestücken einen Zuschuß von 4 Thalern.

---

[59] Das kleine Beimontierungbuch verblieb am Mann, das Große bei der Wirtschaftskommision des Regiments

[60] S.337 Beilage 13: Diese Liste ist nicht vollständig. In der Instruktion zur Formierung der Kompanien in Brigaden und Korporalschaften vom 01.01.1812 werden als Beimontur aufgeführt: Tschako-Futteral, Tuchmütze, Halsbinden Streifchen, Halstücher, Hemden, Jäckchen oder Gilet, Handschuh, Tuchhosen, Tuchgamaschen, Leinwandhosen, Leinwandgamaschen, Socken, großer Sack, Schraubenzieher und Packriemen.

[61] Warum Holtzendorff für den Mann keine Leinengamaschen gibt, hat sich nicht ergründen lassen. Denn dass auch die Mannschaft diese Leinwandgamaschen getragen hat, beweisen der Brigadebefehl des Generalmajors von Sahr vom 08.05.1810 und der Brigadebefehl des Obersten von Bose vom 01.08.1813

[62] Es ist zu vermuten, dass der überschießende Betrag von 18 Groschen und 6 Pfennigen (oder 9 ¼ Pfennigen je Monat) zur Unterhaltung der Borten und Tressen an Rock und Tschako aufzuwenden war.

Im Feld erhielt jeder Unteroffizier und Schütze einen Zuschuss zum Beimontierungsgeld in Höhe von 2 Groschen und 6 Pfennigen monatlich.

Ende 1811 wurden die Mannschaften auf eigene Beimontierungskosten mit Fausthandschuhen[63] von Uniformtuch versehen.

Die sogenannten Brotbeutel waren ein in der sächsischen Armee bisher nicht vorhandenes Ausrüstungsstück und wurden erst im Juni 1812 eingeführt[64]

3.1.4 Anschaffungskosten Leibesmontur und Armatur

Den Unterlagen sind folgende Anschaffungskosten zu entnehmen:

Rock	3 Thaler	23 Groschen	3 Pfennige[65]
Weste	2 "	2 "	3 "
Tschako mit Zubehör	2 "	16 "	9 "
Capot	5 "	12 "	- "
Kuppel	- "	17 "	- "
Patronentasche	1 "	20 "	- "
Baumölfläschchen	- "	1 "	- "
Bajonettscheide	- "	8 "	- "
Feldflasche	- "	12 "	- "
Tornister[66]	2 "	- "	- "

---

[63] „ Ew. Hochwohlgebr: ersuche ich, daß fördersamste gefälligst zu veranstalten, daß die ganze Mannschaft Dero unterhabenden Regiments mit Faust Handschuhen, und zwar, nach dem Wunsche des Herrn Divisionsgenerals, von grünen Tuch, nach der Farbe der Montirungen versehen wird. Damit nun diese Anschaffung eben so egal, als mit möglichster Ersparniß für die Mannschaft geschehen könne, so wird es sehr wohl gethan seyn, wenn der Einkauf der Requisiten, für das Regiment im Ganzen besorgt würde." Befehl des Generalmajors v.Sahr vom 19.11.1811
[64] Der Befehl des Divisionärs vom 10.06.1812 gibt hierzu: „… Die Regimenter müßen sich vor allen Dingen kleine leinwandene Säcke, wie unsere ehemaligen Brotsäcke … zu verschaffen suchen. Die Säcke brauchen nur so groß zu seyn, um ein 3 Pfd. Brot zu faßen – hier kommt es weder auf die Farbe noch auf die Güte der Leinwand an …". Der folgende Brigadebefehl des Generalmajors von Nostitz vom 10.06.1812 besagt: „ Im Fall der Nothwendigkeit soll jeder Soldat einen 8tägigen Bedarf an Brot und Zwieback tragen. Jeder Soldat soll sich einen kleinen leinwandenen Sack anschaffen, um ein 3 Pfund Brot darinnen zu tragen …" Diesen 8tägige Bedarf sollte der Infanterist wie folgt tragen: 2 3pfd.Brote auf den Tornister geschnallt, 1 3pfd. Brot im Brotsack und 2 Portionen Zwieback im Tornister.
[65] Die Preise, insoweit nicht bei Holtzendorff aufgeführt, stammen aus den Desertionslisten des 2.leichten Regiments für die Monate Februar – April 1812.
[66] Die Desertionslisten führen auch Tornister mit weißen Riemen auf. Es kann vermutet werden, dass die Regimentsschützen zwischen 1806 und 1809 neue Tornister bekamen und diese nun gemäß der Haltezeit (wohl 8 – 10 Jahre) auftrugen. Für die Tornister gibt die Desertionsliste in einem Fall auch einen Preis von 2 Thalern 5 Groschen 4 Pfennigen. Ob dies nun der Preis für einen neuen Tornister (= ohne Abzug für gediente Haltezeit) oder einen Tornister neuer Art war („An den neuen Tornistern werden die kleinen Kapot- und die Schwungriemen mit geliefert, bei

Seitengewehr	2 Taler	2 Groschen	6 Pfennige
Gewehr	6 "	8 "	- "

3.1.5 Dienstgrad- und Dienststellungsabzeichen

Offiziere (goldene Epaulets): Leutnants und Capitaines 1 Epaulet mit Franzen und 1 Contre-Epaulet, bei den Leutnants mit einem karmoisinroten Faden durchzogen (Sous-Leutnant im Zick-Zack, Premier-Leutnant gerade); Major 1 Epaulet mit Bouillons und 1 Contre-Epaulett (alle diese Grade tragen das Franzen-Epaulet auf der linken und das Contre-Epaulet auf der rechten Schulter, die Adjutanten umgekehrt).

Oberstleutnant und Oberst tragen zwei Epaulets mit Bouillons, die Bänder beim Oberstleutnant in Silber.

Unteroffiziere: Die Unteroffiziere zeichneten sich durch schräge, über dem linken Unterarm angebrachte Borten und Tressen aus (sh. Befehl vom 18.04.1810).

Der Feldwebel erhielt zwei über dem linken Ärmelaufschlag schräg aufgesetzte goldene Tressen. Die Tressen waren 1 Zoll breit (2,36 cm) mit einem Vorstoß in Doblürenfarbe (schwarz, von der Breite eines „Strohhalms"). Die erste Tresse wurde 1 Zoll (2,36 cm) über dem Ärmelaufschlag an der inneren Naht des Rockärmels angesetzt und lief schräg aufsteigend bis zur äußeren Naht. Die zweite Tresse sollte mit einem Zwischenraum von ⅛ Zoll (0,3 cm) parallel zur ersten Tresse aufgenäht werden.

Der Sergeant trug 1 Tresse, aufgenäht wie die erste Tresse des Feldwebels.

Der Fourier trug ebenfalls eine goldene Tresse mit Vorstoß, diese aber auf der Mitte des linken Oberarms gerade von einer Naht zur anderen.

Der Korporal trug eine 1 Zoll (2,36 cm) breite wollene gekörperte Borte; aufgenäht wie die Tresse des Sergeanten.[67]

---

den alten muß solche die Mannschaft anschaffen" (Major v.Rade 21.04.1813), hat sich nicht ermitteln lassen.

[67] Die Borten der Korporale sollten von Doblürenfarbe sein. Da diese schwarz ist und sich dadurch nicht vom Uniformrock abhebt, bleibt nur rot oder gelb. Die Anschaffungsrechnung 1809 der Erstuniformierung des Jägerkorps gibt für die 11 Oberjäger gelbwollene Borten, so dass diese auch bei der leichten Infanterie zur Anwendung gekommen sein kann. Allerdings haben die Jäger gelbe und die Schützen rote Jagdhörner in den Ecken der Schoßumschläge, so dass durchaus auch in den Borten Verschiedenheit geherrscht haben kann und die Korporale der leichten Regimenter rote Borten führten.

Abb. 02 Feldwebel Reh vom 1. leichten Regiment. Rock mit aufgeklappten Rabatten und geflicktem Schulterbereich, Lagermütze mit eingeklapptem Schirm und Leinwandpantalons. Gut zu sehen sind das Unteroffiziersportepee, das am Pallasch angebundene Stutzfutteral, das Signalpfeifchen und der (statt am 3.) am 2. Knopf angehangene Stock. (Rekonstruktion)

Abb. 03 Rückansicht von Abb. 02. Auch hier sind die Flicken im Schulterbereich gut zu sehen. (Rekonstruktion)

Abb. 04   Detail Rabatten   Abb. 05   Detail Ärmelaufschlag

Abb. 06   Unteroffiziersportepee an   Abb. 07 Pompon Sergeanten und Korpo-
Pallasch M 1780 (Rekonstruktion)   räle 1. Leichtes ab 05./06.07.1813 (Reko)

Abb. 08   3 Knöpfe des 1.leichten Regiments (private Sammlung)

Die Unteroffiziere führten weiterhin zur Auszeichnung **Stöcke**[68]. Die Stöcke wurden links am 3. Knopf an einem schwarzledernen Band angehangen und so durch das Riemchen an der Säbeltasche gesteckt, dass der Stock über dem Säbel hing. Der Stockknopf war von schwarzem Horn. Der Stock selbst hatte eine solche Länge zu haben, dass er, wenn er auf der Erde stand, mit leicht gekrümmten Arm angefasst werden konnte.

Die Regimentskommandeure hatten für die Gleichheit in den Stöcken, Stockknöpfen und Stockbändern zu sorgen[69].

Der **Zimmermann** trug in der Mitte des linken Oberarmes zwei aus Tuch ausgeschnittene kreuzweise aufgenähte Äxte[70][71].

Auf den Westenärmeln waren diese Auszeichnungen ebenfalls anzubringen, die Tressen und Borten aber nur halb so groß[72].

3.1.6 Die Uniform betreffende Einzelvorschriften

Der Brigadier zeigte am **08.05.1810** folgendes an:

Solange die Mannschaft noch nicht mit vollständiger Beimontur versehen ist, wird der Garnisonsdienst in weißleinenen Pantalons verrichtet.

Im Sommer, bei warmer Witterung, werden gleichfalls die Pantalons getragen.

Die weißleinenen Gamaschen sind nur außer Dienst zu tragen, im Dienst nur dann, wenn das ganze Bataillon damit versehen ist und dann nur zusammen mit den weißleinenen Pantalons.

Wie bereits früher anbefohlen, haben sich Offiziere nie anders als in Uniform zu zeigen. Da aber seltene Fälle eintreten können, wo es dem Offizier nicht zum Vorwurf gemacht werden kann, wenn er sich der Zivilkleidung bedient, so hat er sich dabei jeglicher militärischer Auszeichnung – wie z.B. Hüten mit Kordons, Agraffen und Nationalschleife – bei strengster Ahndung zu enthalten.

Die Facon der Uniform der Auditeurs, Regiments-Quartiermeister und -Chirurgen ist wie die der Offiziers des Generalstabes, vorn mit einer Reihe Knöpfe. Sie sollte von bleumouranten Tuch sein. Die Proben zur Stickerei waren in Dresden bei Madame Voigt, wohnhaft im Landhause 3 Treppen hoch, zu haben.

---

[68] „Da einige Rücksichten noch ferner das Tragen der Stöcke bei den Unteroffizieren erforderlich machen, so ist streng auf die Gleichförmigkeit der Stöcke und Stockbänder zu halten." (Extrakt der Ordre des Divisionärs v.Zeschau vom 09.12.1811)
[69] Befehl des Generalmajors v.Sahr vom 10.04.1811.
[70] Die Äxte sollten in Doblürenfarbe sein, waren also bei der leichten rot oder gelb.
[71] Dienstgradabzeichen und Zimmerleuteabzeichen nach dem Befehl des Generalleutnants von Lecoq vom 18.04.1810.
[72] Befehl des Generalleutnants von Lecoq vom 18.04.1810.

Abb 09   links: Hornist mit aufgeklappten Rabatten
rechts: Schütze vom 1.leichten Regiment (nach dem 05.07.1813);
Feldkessel ist auf den Tornister geschnallt, der Mantel gerollt über die
Brust, Tornister mit weißen Riemen, keine Seitenwaffe, nur das lange
Neusuhler Bajonett. (Gemälde von Jörg Hensel)

Der Brigadier setzte die beiden Regimenter am **23.02.1811** von einer Divisions-Ordre vom 14.02. in Kenntnis, wonach der Mannschaft nach Erhalt der Tschakos der Verkauf der Hüte untersagt wird, da diese Hüte zur Schonung des Tschakos wesentlich beitragen.

Am **19.03.1811** wurde anbefohlen, dass zur Schonung der am 01.05. angehenden neuen Montierung, die Mannschaft außer dem Dienst die alten Montierungen bis Ende April 1812 in Gebrauch behalten soll. Erst dann kann der Mann die Montur als sein Eigentum ansehen. Die Knöpfe hat der Mann aber dann an die Wirtschaftskommission abzugeben oder, wenn er diese behalten will, den Anschaffungsbetrag an die Kommission zu zahlen. Die Monturen der im Jahre 1809 errichteten provisorischen Bataillone waren zu diesem Zeitpunkt noch nicht verdient und die damit versehene Mannschaft hatte diese an die Wirtschafts-Kommissionen abzugeben.

Eine königliche Ordre vom **07.04.1811** ordnete an, dass die Schanzarbeit in Torgau von der kommandierten Mannschaft in der alten Montur zu verrichten ist. Die Gemeinen hatten dazu Feldmützen und die Unteroffiziere Hüte zu tragen.

Der Brigadebefehl vom **10.04.1811** verwies nochmals darauf, dass die Offiziersröcke genau nach der Probemontur des Leutnants Graf v.Holtzendorff zu fertigen sind, und speziell die Rockschöße nicht kürzer zu machen sind. Jedwede willkürliche Abweichung, auch bei Unteroffizieren und Gemeinen, wurde bei strengster Verantwortlichkeit der Regimentskommandeure erneut untersagt.

Wegen der nachgesuchten Auszeichnung auf der Montur der Chirurgen wurde eine spätere Verfügung in Aussicht gestellt, ihnen bis dahin eine Abweichung von der Vorschrift untersagt, jedoch ein roter Vorstoß zugestanden.

Den Feldwebeln (jedoch keinem anderen Unteroffizier) wurde nachgelassen, zwei Tressen um den Tschako zu tragen[73] und zwar die breitere oben und die etwas schmalere darunter. Den anderen Unteroffizieren wurde gestattet, ebenfalls aus eigenen Mitteln, die kleine gelbe Agraffe über der Kokarde von Gold anzuschaffen.

Den Junkern wurde erlaubt, die Auszeichnung der Sergeanten zu tragen.

Auf den Tschakos waren vorn über der Kokarde Kompanie-Zeichen anzubringen, wozu die wollenen Regiments- und Kompaniezeichen von den Hüten verwendet werden sollen.

Mit Befehl vom **27.04.1811** stand der Brigadier den Tambours rote Federstütze, die am unteren Ende einige schwarze Federn hatten und etwas kleiner als die der Hautboisten waren, zu. Die Tambours mussten diese Federstütze aber aus eigenen Mitteln anschaffen und unterhalten.

---

[73] Die Unteroffiziere trugen um den Tschakooberrand eine goldene Tresse.

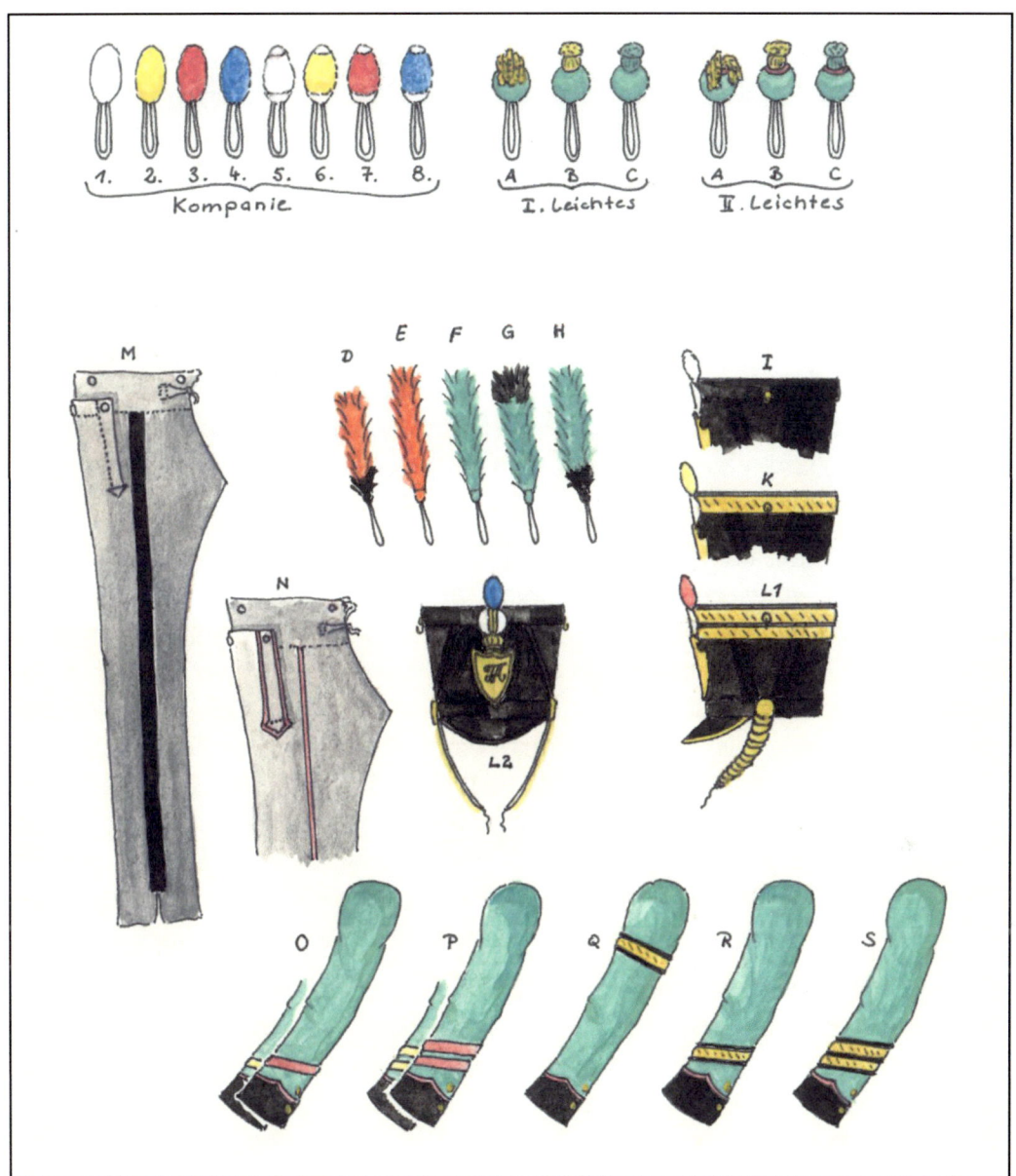

Abb. 10　　oben: Pompons leichte Infanterie 1.-8.Kpn. (01.05.1810), A-Feldwebel, B-Unteroffizier, C-Schütze (05.07.1813)

Mitte : Federstutze leichte Infanterie D-Tambour, E-Hornist, F-Schütze, G-Unteroffizier, H-Offizier; Tschakos I + L2 Schütze, K-Unteroffizier, L1-Feldwebel; Hosen M-Unteroffizier, N-Schütze

unten: Dienstgradabzeichen O-Korporal/Oberjäger (ab 05.07.1813 Unteroffiziersdienst leistender Gefreiter), P-Korporal/Oberjäger (ab 05.07.1813), Q-Fourier, R-Sergeant, S-Feldwebel

Mit Befehl des Divisionärs vom **01.08.1811** wurde festgelegt, dass es nur den Kapitäns und den Regiments-Adjutanten erlaubt ist, die sie bedienendenSoldaten (Offiziersburschen) in Livrée zu kleiden. Die Burschen der Subalternoffiziere hatten ihre Uniform und keine Livrée zu tragen.

Gleichfalls am **01.08.1811** ordnet der Divisionär an, dass die Feldmützen zur Bezeugung der Ehrerbietung von der Mannschaft nicht mehr abzunehmen ist, sondern solche durch Anlegen der Hand – wie beim Tschako – erfolgen soll.

Da die Bekleidungs-Bedürfnisse für die Truppen in den Depots gefertigt werden sollten, so wurde am **02.10.1811** angeordnet, dass pro Kompanie wenigstens ein geübter Schneider im Depot zurück zu lassen ist. Sollte dies nicht bereits der Fall sein, so ist ein solcher dahin zu versetzen. Der Bestand des Depots erhöhte sich dadurch nicht. Weiterhin war darauf Rücksicht zu nehmen, dass sich unter den Depot-Mannschaften auch Schmiede und Sattler befanden, um die notwendigen Reparaturen ausführen zu können.

Der Brigadier bemerkte in seinem Befehl vom **15.10.1811**, dass der Divisionär bei seiner letzten Anwesenheit in Torgau viele Unteroffiziere und Schützen angetroffen habe, die mit nicht probemäßigen Stücken versehen waren. So trugen fast alle Unteroffiziere und selbst Schützen graue weite Tuchhosen mit schwarzer Besetzung und über den Gamaschen. Ein großer Teil, besonders von den Kompanien des 1. Bataillons vom 2. Leichten Regiment, trug Kompaniezeichen von solcher Größe, wie die Offiziere Pompons auf ihren Tschakos hatten. Obwohl der Divisionär nicht in Abrede stellen wollte, dass ihm einige dieser sehr verschiedenen Zeichen gefallen haben, so sind sie doch gegen die Ordnung und bewirken eine nicht gewollte Ungleichheit. Auf Vortrag des Brigadiers sah sich der Divisionär zu folgenden Verfügungen veranlasst:

Die Unteroffiziere dürfen lange graue Hosen über den Gamaschen mit schwarzer Besetzung unter der Voraussetzung tragen, dass a) alle Unteroffiziere eine solche haben, b) sie ganz gleich sind und c) die Anschaffung keinem Unteroffizier finanziell beschwerlich wird, sonst sind sie nicht erlaubt. Für die Schützen könnte sich der Brigadier unter gleichen Bedingungen eine Anfrage beim Divisionär vorstellen, zweifelt aber besonders am Punkt c) („…es darf für keinen Mann drückend werden…") und fordert hierüber eine Beurteilung der Regiments-Kommandanten ein.

Hinsichtlich der Kompaniezeichen stand es den Regiments-Kommandanten frei, wenn sie eine hübschere Facon einzuführen wollen, dem Brigadier hierüber Vortrag zu machen. Vorausgesetzt wurde, dass diese in beiden Regimentern völlig gleich waren. Eigenmächtigkeiten einzelner Kompanien waren nicht zu dulden[74]. Der Brigadier betonte nochmals, dass der Divisionär streng darüber

---

[74] „…Eigenmächtig aber, muß sich keine Kompagnie in solchen Kleinigkeiten, vor den andern auszeichnen wollen, es stehen dem Kapitain höhere Mittel zu Gebote seiner Kompagnie Auszeichnung zu verschaffen…"

wachen wird, dass in beiden Regimentern in allen Stücken stets die größte Egalität beibehalten wird.

Weiterhin wurde darauf hingewiesen, dass die Tschakos alle gleich, etwas nach der rechten Seite und so auf den Kopf gesetzt sind, dass die Augen ganz vor der Sonne gedeckt sind.

Hinsichtlich der Haare wurde nochmals darauf verwiesen, dass diese ordentlich zu verschneiden sind, dass keine über die Stirn und unordentlich an den Seiten herunterhängen. Ein tüchtiger Backenbart wurde hingegen ausdrücklich erlaubt, „…weil dieser den Soldaten gut kleidet.".

Es wurde auch bemängelt, dass das Packen der Tornister nicht mit der notwendigen Sorgfalt geschieht, da mehrere Soldaten Teile ihrer Ausrüstung (z.B. Schuhe und Hosen) im Quartier gelassen hatten. Auch fanden sich mehrere Leute mit Nachlässigkeiten und Unordnungen im Adjustement, was nach Meinung des Divisionärs auf die mangelnde Aufsicht der Unteroffiziere und fehlende Kontrolle der Offiziere zurück zu führen ist.

Der Brigadier verfügte am **30.10.1811**, dass bei Ausrückungen künftig zu befehlen ist, ob diese Parade- oder Marschmäßig erfolgen. Im ersten Fall wird der Leinwandsack, ohne das ein Ende heraushängt, ganz zusammen gerollt unter den Deckel des Tornisters gelegt und der Mantel sorgfältig gerollt. Im zweiten Fall wird, zur besseren Bedeckung, ein Ende des Sackes bis an die Schnallen des Tornisters heraus gelegt und der Mantel, zur besseren Konservierung, nur leicht, jedoch egal gewickelt.

Am **31.10.1811** beschwerte sich der Divisionär beim Brigadier, dass sein gegebener Befehl vom 02.10.1810, nach welchem nach Dresden Kommandierte dort in Tuchhosen zu erscheinen haben, nicht befolgt wird. Auch musste er Abweichungen in der befohlenen Adjustierung feststellen und mahnte besonders die folgenden, der Vorschrift widersprechenden Gegenstände an:

Die grauen Beinkleider der Offiziere müssen von ein und derselben Farbe sein und zwar nach der Probe, die dem Befehl vom 01.04.1810 beigefügt war. Er musste aber feststellen, dass sogar Stabsoffiziere von dieser Vorschrift abwichen.

Offizieren ist das Tragen der Pantalons in den Garnisonen ausdrücklich verboten. Es machte daher einen unangenehmen Eindruck, dass ein Offizier vom 2. leichten Regiment in einem gebildeten gesellschaftlichen Zirkel in Pantalons erschien.

Die Höhe der Kragen ist in der Vorschrift vom 01.04.1810 eindeutig festgelegt. Dennoch sind Offiziere mit weitaus höheren Kragen anzutreffen.

Die Offiziere sollen Halsbinden von schwarzem Samt tragen und keine Halstücher, die vorn zusammengebunden sind und deren Enden herabhängen.

Auch die Offiziere sollen mehr Aufmerksamkeit auf ihre Haartracht verwenden und hier einen gepflegten Eindruck hinterlassen.

Die Länge der Uniform ist genau bestimmt worden. Dennoch hat der Divisionär Offiziere in Monturen gesehen, die eher einem Kollet als einem mit Schößen versehenen Rock glichen.

Den Offizieren ist es untersagt, Westen mit mehreren Reihen Knöpfen und starker Gold- oder Silberverzierung zu tragen. Diesem Verbot ungeachtet trugen viele Offiziere, besonders bei der leichten Infanterie dergleichen Gilets. Auch Stabsoffiziere haben sich über diese Vorschrift hinweggesetzt.

In Betreff der Stutzbärte wurde in der Ordre vom 19.04.1810[75] ausdrücklich das Tragen von Kinnbärten verboten und die Vorschrift über das Tragen der Backenbärte gegeben. Dennoch wurden Zimmerleute und Grenadiere mit vollständigen Kinnbärten wahrgenommen sowie auch Unteroffiziere und Schützen der leichten Infanterie, deren Backenbärte sich unter dem Kinn vereinigten.

Der Brigadier forderte die Regimenter am **19.11.1811** auf, die gesamte Mannschaft mit Fausthandschuhen– auf Wunsch des Divisionärs von grünem Tuch nach der Farbe der Montur – zu versehen.

Am **21.11.1811** wies der Brigadier die Regimenter an, sämtliche weiße Montierung an die Intendantur der Festung Torgau abzugeben.

Die Equipagesoldaten wurden mit Befehl vom **17.01.1812** herausgezogen und als solche eingekleidet, auch der als Equipage-Sergeant bestimmte Unteroffizier sollte als solcher eingekleidet werden[76].

---

[75] Der Befehl des Divisionärs befasste sich mit: „… Stutzbärten. Man gestattete sie durchgängig in den Laufe des letzten Feldzuges, weil man darinn einverstanden war, daß ein Stutzbart den ernstvollen Anstand eines Soldaten gewißermaßen erhöht. … Die Stutzbärte sind jetzt nicht mehr zweckmäßig und sollen daher bey der Infanterie sofort abgeschafft werden. Hiervon sind jedoch der Unterofficier und Gemeine bey den Grenadier Bataillons ausgenommen, welche … den Stutzbart als eine vor frühern Zeiten erlangte Auszeichnung, fortzutragen das Recht haben. Die Herrn Officiers dieser Truppengattung aber werden gleich den übrigen Herrn Officiers der Linie und der leichten Infanterie sich dieses Mittels zur Auszeichnung nicht bedienen. Auch Zimmerleute bey allen Truppen-Gattungen ist das Tragen eines Stutzbarts zu gestatten … Die Kinnbärte aber sind untersagt. … Ein Backenbart ziert jeden Mann und kleidet gut zu einem militairischen Anzuge. Es sey also von nun an Vorschrift für jeden Soldaten insofern er von der Natur dazu unterstützt wird, einen Backenbart zu tragen, der bis an die Kinnlade heruntergeht, und in dieser Gegend einen reichlichen Zoll breit sein kann. Länger und breiter soll und darf der Backenbart nicht getragen werden."

[76] Es wird anbefohlen: „ daß die zu Equipage Soldaten bestimmten Rekruten sofort schleunigst eingezogen und … sogleich als Equipage Soldaten in Zuwachs gebracht und auch in dieser Eigenschaft eingekleidet (werden). Die Einkleidung des zum Equipage Sergeanten angemerkten Unteroffiziers erfolgt ebenfalls sofort …". Die mir bisher bekannte einzige Abbildung eines Equipagesoldaten befindet sich in der Elberfelder Bilderhandschrift. Diese zeigt auf S.123 unter 11d einen als Trainsoldaten bezeichneten Equipagesoldaten des Husarenregiments mit dunkelblauem einreihigen Rock und Charivaries.

Der Divisionär ordnete am **01.03.1812** an, dass die Pantalons auf Märschen entweder alle in die Gamaschen geknöpft sind oder aber alle nicht.

Der kommandierende Generalleutnant beschwert sich am **04.04.1812** beim Kommandeur des 1.leichten Regiments über verschiedene Dinge, die er abgestellt wissen möchte. So tragen 1) Unteroffiziere und sogar Gemeine die Kante des Tschakoschirms mit einem Messingstreifen eingefasst, 2) viele Soldaten Stiefel[77], 3) Einige bunte Gilets[78] und 4) viele Soldaten selbst bei schönster Witterung den Mantel.[79]

In der Deutschen Fotothek gibt es zwei Detailaufnahmen des Schubauer[80]-Gemäldes der Schlacht bei Podobna (12.08.1812), welche das 1. leichte Infanterie-Regiment (hauptsächlich Offiziere) zeigen.

Interessant sind dabei folgende Dinge:

a) Die Pferdeequipage des Oberstleutnants von Egidy weicht erheblich von der Vorgabe ab.

b) Die Offiziere tragen ausnahmslos den Tschako im Überzug mit dem Pompon nach Vorschrift (bis auf den links stehenden Offizier, der den tulpenförmigen Paradepompon trägt). Es hat den Anschein, als ob die Offiziere ihre Bataillenbänder (Schuppenketten) auf der rechten Tschakoseite oben angehangen haben (und diese bei Bedarf in den auf der rechten Seite an der Schuppenketten-Rosette befindlichen Haken (sh. OSL Egidy) einhängen konnten). Der hinter dem Baum vorschauende berittene Offizier ist der Einzige, der die Schuppenketten unter das Kinn geschnallt trägt.

c) Der links in Bild befindliche Offizier trägt die (scheinbar) grauen Hosen mit einem breiten (scheinbar) schwarzen und mit Knöpfen besetzten Streifen[81].

---

[77] „... Was den Gegenstand No.2 anbetrifft, so glaube ich meine dasfallsigen Ansichten aussprechen zu müssen, denn es herrschen hierüber so wie über andre dergleichen Gegenstände sonderbare Vorurtheile unter den Offizieren. – Wenn der Soldat Stiefeln trägt, so muß er die Mittel der Anschafung gehabt haben, er hätte also eben so gut ein paar Schuhe und Gamaschen kaufen können, wenn er deren bedurfte. Es kann hier nicht die Frage sein, welche von diesen beyden Fußbekleidungen die Zweckmäßigste sey. Kurz der Infanterist soll Schuhe und Gamaschen und keine Stiefeln tragen. Wie aber der Soldat die Stiefeln transportirt? – dieses ist eine Frage, die jeder aufwerfen muß, welcher den beschränkten Raum eines Tornisters kennt und mit der Vorschrift bekannt ist, daß der Soldat außer den Schuhen an den Füßen, auch ein paar dergleichen im Tornister mit sich führen soll. Es ist also von allen Seiten betrachtet unrichtig, wenn dem Soldaten Stiefeln zu tragen gestattet wird. Doch behalten die Feldwebels unverändert die solchen hierüber ertheilte Erlaubnis."
[78] Mit diesen Gilets sind die den Soldaten gestatteten Unterziehjacken gemeint.
[79] Durch patriotische Sammlungen gelangten 1813 auch Zivilsachen in die Truppe, z.B. am 01.02. u.a. 3 pr. Handschuhe, 4 Handmüffchen und 1 pr.Stiefelschäfte ins 2.leichte Regiment.
[80] Schubauer war als Sousleutnant (Patent vom 12.03.1812) Teilnehmer des Feldzuges von 1812 im Regiment Prinz Clemens.
[81] Der Besatz der grauen Hosen mit einem Streifen in Doblürenfarbe wird von Dr.Lünsmann mehrfach bei dessen Beschreibung des Podobna-Bildes von Schubauer erwähnt.

d) Die Offiziere scheinen spitze Ärmelaufschläge zu haben.

e) Bei den wenigen erkennbaren Mannschaften wird die Räumnadel an einer Kette getragen, die an der rechten Achselklappe eingeknöpft ist.

f) Offiziere und Mannschaften tragen durchgängig den Schnurrbart (Stutzbart), was darauf schließen lässt, dass auch in der Kampagne von 1812 das Tragen der Bärte erlaubt war bzw. geduldet wurde.

Mit Befehl vom **05.07.1813**[82] wird festgelegt, dass „…die zeitherigen Compagnie Zeichen auf den Tschakos als Regiments Zeichen betrachtet werden und daß die des Regiments Lecoq ganz grün, von derselben Facon wie die Pompons der Offiziers seyn sollen. Die Feldwebel tragen solche wie die Offiziers und die Unteroffiziers eben falls nur mit Unterschied, daß anstatt der golden Bouillons oben, dergleichen gelbe Bouillons von Wolle haben …". Ein am **06.07.1813**[83] gegebener Befehl stellt klar, dass „ … das erste leichte Infanterie Regiment ganz grüne Regimentszeichen, die des 2ten hingegen zum Unterschiede solche Bonbons tragen sollen, die an dem Einsatz des ebenfalls grünen Büschels mit einen schmalen rothen Rande versehen sind … "

Am **06.07.1813**[84] wird verfügt, dass die zum Dienst als Unteroffizier gezogenen Gefreiten zur Auszeichnung die bisherige wollene Borte der Korporals zu tragen haben und die wirklichen Korporals nunmehr eine zweite wollene Borte erhalten. Auch haben diese wirklichen Korporals zur Auszeichnung gegenüber diesen Gefreiten Portepee, Stock und Tresse um den Tschako weiterhin zu tragen[85].

3.2 Die Uniformierung der Regimentsschützen

Die Regimentsschützen trugen die Uniform ihrer Regimenter und Bataillone ohne besondere Auszeichnung[86].

---

[82] Oberst v.Brause an den Major v.Seydewitz
[83] Befehl des Generalleutnants v.Sahr, der hierzu folgende Einleitung gibt: „… Endlich hat der commandirende Hr. Generallieutenant v. Le Coq wegen eingerißner Verscheidenheiten der als Bonbons zu tragenden Regimentszeichen anbefohlen, daß den Herren Officiers der Grenadiers, Artillerie und leichten Infanterie allein das Tragen der resp. rothen und grünen Bonbons zugestanden bleibt, die der Musquetier Bataillons aber die willkührlich gewählten größtentheils verschiedenen und unpaßenden Regimentszeichen ablegen, und auf die früher in diesen Betreff gegebenen Befehle verwiesen werden sollen. …"
[84] Befehl des kommandierenden Generalleutnants v.Lecoq
[85] Abweichungen von der vorschriftsmäßigen Adjustierung waren ein Gegenstand ständiger Ermahnungen. So beschwert sich am 22.04.1810 der Divisionär, dass besonders Soldaten der leichten Infanterie hier die notwendige Disziplin vermissen lassen und führt als Beweis einen Unteroffizier: „welcher Pantalons von gelben Nankin, hierzu ein blau streifigtes Gilet und ein buntseidenes Halstuch trug" auf.
[86] Umlaufordre des Generalmajors v. Mellentin (hier für das Regiment Prinz Clemens) vom 20.08.1810: „… In der Folge werden die Schützen vielleicht eine Auszeichnung in der Kleidung bekommen, jedoch kann solches für jetzt noch nicht bestimmt werden, der Federstutz ist

Abb. 11 Ausschnitt aus dem Podobna-Gemälde von Schubauer (Deutsche Fotothek/ df_hauptkatalog_0058355)

übrigens eine unzweckmäßige Tracht für die Schützen." Eine Änderung dieser Praxis hat sich bisher in den Akten nicht auffinden lassen. Abweichung sind aber nicht auszuschließen.

3.3 Die Uniformierung des Jägerkorps

Holtzendorff gibt[87] zur Uniformierung des Jägerkorps:

Schwarze Cartouche und Kuppel, letzteres zum Umhängen; Büchsenstrumpf von Capottuch mit Leinwand gefüttert, Pulverhorn mit Umhängeschnur. Kurze Uniform von grünem Tuche mit schwarzen Aufschlägen zum Uebereinanderknöpfen; grünes Gilet; Pantalons von grauem Tuche und Gamaschen von Drillig; schwarze Halsbinde, Tzako und grauer Capot.

Die **Stamm- und Ranglisten von 1810 bis 1812** geben hierzu:

Uniform. Unterofficiere und übrige Mannschaft tragen kurze Röcke von dunkelgrünem Tuche mit rothen Vorstoß und schwarzen Aufschlägen zum Uebereinanderknöpfen, und Gilets von eben dieser Farbe, gelbe Knöpfe; Pantalons und Camaschen von Drillig, schwarze Halsbinden, Tschakos, wovon das Schild ein Jägerhorn vorstellt, mit weißen Cordons, Feldzeichen, Bataillen-Bändern und grünen Federstützen nebst grauen Capots. Das Seitengewehr wird an einem schwarzen Glanzlederkuppel en bandoulière getragen. Die Officiere haben auf dem Kragen 2 in Gold gestickte Schleifen und weißtuchene Beinkleider; das Tschako oben und unten mit schwarzen Sammetbande besetzt, und goldenen Cordon. Außerm Dienst tragen die Officiere gewöhnliche Hüte und lange grüne Unterkleider.

Die **Stamm- und Rangliste von 1813** gibt dagegen:

Uniform. Unterofficiere und übrige Mannschaft tragen kurze Röcke von dunkelgrünem Tuche mit rothen Vorstoß und schwarzen Aufschlägen zum Uebereinanderknöpfen, und Gilets von eben dieser Farbe, gelbe Knöpfe; <u>grautuchene lange Beinkleider und schwarze Gamaschen, in Sommermonaten weißleinene Pantalons und dergleichen Camaschen</u>; schwarze Halsbinden, Tschakos, wovon das Schild ein Jägerhorn vorstellt, mit weißen Cordons, Feldzeichen, Bataillen-Bändern und grünen Federstützen nebst grauen Capots. Das Seitengewehr wird an einem schwarzen Glanzlederkuppel en bandoulière getragen. Die Officiere haben auf dem Kragen 2 in Gold gestickte Schleifen und weißtuchene Beinkleider; <u>der Besatz des Tschakos in Golde mit silbernen Cordon.</u> Außerm Dienst tragen die Officiere gewöhnliche Hüte und lange grüne Unterkleider.

In der „Neuuniformirten K.S.Armee" wird für das Jägerkorps gegeben:

Bei dem Jäger-Corps haben Unterofficiere und Gemeine kurze Röcke von dunkelgrünem Tuche, mit rothem Vorstoß und schwarzen Aufschlägen zum Uebereinanderknöpfen. Der Kragen ist von der Farbe des Rockes und hat nur vorn schwarze zurückgeknöpfte Klappen. Der Rock ist hellgrün gefüttert, und in den umgeknöpften Schößenzipfel sind Jagdhörner von gelber Borde genäht. Das

---

[87] S.327, Beilage 10

Gilet ist von der Rockfarbe, die Halsbinde schwarz, die Knöpfe gelb; Pantalons und Kamaschen von Drillig, und die Capots von grauem Tuche. Das Tschako hat Bataillenbänder, weißen Cordon, Feldzeichen mit goldner Agraffe, grünen Federstutz, und zum Schilde ein Jägerhorn von Messing. Die Offiziere haben auf dem Kragen zwei in Gold gestickte Schleifen und weißtuchne Beinkleider. Außer dem Dienst tragen sie gewöhnliche Hüte mit grünen Federstützen[88] und lange grüne Beinkleider.

Die **Abschlussrechnung vom 30.04.1810 für die Erstuniformierung des Jägerkorps von 1809** weist folgendes aus:

Rock
2 ½ Ellen grünes Tuch
$1/16$ Elle schwarzes Tuch
$1/8$ Elle rotes Tuch
2 ½ Ellen graue Leinwand
3 ¾ Ellen grüner Boy
9 Paar Hefteln und Schlingen
28 Knöpfe

Weste / Gilet
1 ¼ Ellen grünes Tuch
1 ¾ Ellen graue Leinwand
10 Knöpfe

Tuchhose
2 ½ Ellen grau meliertes Tuch[89]
1 ¼ Ellen graue Leinwand
12 beinerne Knöpfe

Pantalon
2 ¾ Ellen Drillich
24 beinerne Knöpfe

Mantel
6 Ellen grau meliertes Tuch

Gamaschen (Paar)
1 ¼ Ellen Drillich
6 Knöpfe

Büchsenstrumpf
$5/8$ Elle grau meliertes Tuch
1 Elle graue Leinwand
6 beinerne Knöpfe

Der **Gesamtbedarf** wurde ausgewiesen mit

446 ¼ Ellen grünes Tuch für 119 Röcke und Gilets

1091 $7/8$ Ellen grau meliertes Tuch für 120[90] Capots sowie 119 Tuchhosen und Büchsenstrümpfe

7 $7/16$ Ellen schwarzes Tuch für 119 Röcke

---

[88] Diese Federstütze wurden auch von den Offizieren der leichten Regimenter auf den Hüten getragen.
[89] Die Jäger haben also schon mit der Erstuniformierung 1809 graue Tuchhosen erhalten, die erst in der Stamm- und Rangliste von 1813 aufgeführt werden.
[90] Der 120. Mantel ist für den Chirurgen.

14 ⁷/₈ Ellen rotes Tuch für 119 Röcke

446 ¼ Ellen grüner Boy für 119 Röcke

773 ½ Ellen graue Leinwand für 119 Röcke, Gilets, Hosen und Büchsenstrümpfe

476 Ellen Drillich für 119 Pantalons und 238 Gamaschen

1071 Paar Heftgen für 119 Röcke

376 ⁵/₆ Dutzend Knöpfe für 119 Röcke und Gilets

535 ½ Dutzend Knopfformen für 119 Pantalons, Tuchhosen und Büchsenstrümpfe sowie 238 Paar Gamaschen

1 ¾ Ellen goldene Borte für den Feldwebel (1Elle 4 Zoll) und den Sergeanten (14 Zoll)

13 Ellen Goldene Tressen und 13 Ellen goldene Litzen zu den Tschakos der 13 Unteroffiziere

72 ⅔ Ellen gelb wollene Borte für 11 Röcke und 106 Tschakos

119 Tschakos, hierzu 119 blecherne lackierte Kokarden und Schnüre

238 Paar Schuhe für 119 Mann

238 Hemden für 119 Mann

119 Halsbinden von Schwarzer Manchester

120 Hirschfänger-Kuppel en bandouilliere

Dazu kamen noch die Musikinstrumente, eiserne Ladestöcke für die Büchsen und eine Entschädigung[91] für die beim Jägerkorps angestellten Offiziere wegen Abänderung der Uniform.

Der Gesamtaufwand belief sich auf 3343 Taler 10 Groschen und 9 Pfennig.

Der am 01.09.1812 beginnende zweite Uniformzyklus wurde hinausgezögert[92], die Fertigung erst 1813 vorgenommen und die neuen Uniformen erst zum 01.02.1813 ausgegeben. In Zuge dieser Anschaffung erhalten die Jäger schwarze Rabatten statt der bisher grünen.

---

[91] Diese Entschädigung von je 50 Talern wurde ausgewiesen für den Major v.Carlowitz, Premier-Leutnant Alter (vom Regiment Rechten) sowie die Sousleutnants v.d.Planitz (Regiment Low) und v.Petrikowsky (Regiment Oeschelwitz). Die Revision merkt hierzu an: „Aus den Regiments Monatslisten hat sich ergeben, daß letztgenannte 3 Officiers beym Jäger Corps commandirt gestanden." Solange diese Offiziere, wie auch die später hierzu verwendeten der leichten Infanterie, nur kommandiert waren, haben sie die Uniform ihres Ursprungsregiments weiter getragen.

[92] Ein Befehl des Generals v. Gersdorff vom 22.04.1812 an die Wirtschaftskommission des 2.leichten Regiments erklärt die übersandte Tuchprobe zur Neuuniformierung der Jäger für zu dunkel und weist an, dass von der verbindlichen Bestellung der Tücher bis auf weitere Ordre Abstand zu nehmen ist.

4. Die Ausrüstung

4.1 Die Gewehre

Die sächsische Infanterie hatte zu dieser Zeit drei Gewehrmodelle im Einsatz.

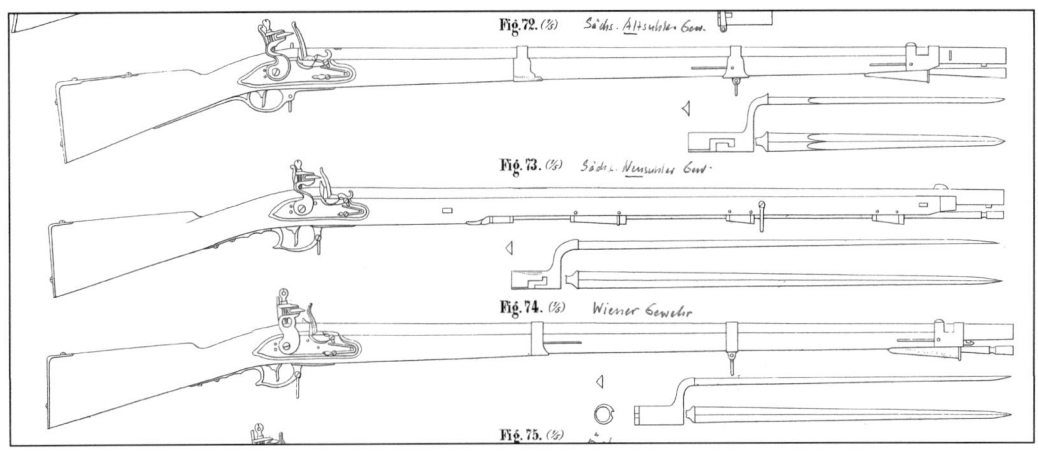

Abb. 12   Sächsische Infanteriegewehre (Fig. 72 Altsuhler, Fig. 73 Neusuhler, Fig. 74 Wiener) (Schön)

Das „Altsuhler" Gewehr M 1778

Gesamtlänge:	1,447 m	Gewicht:	4,90 - 5,04 kg
Lauflänge:	1,062 - 1,068 m	Kaliber:	17,3 mm
Garnitur:	eiserne Bünde, Kappe und Abzugsbügel Messing		
Bajonett:	0,448 m, davon Klinge 0,354 m		
Zündloch:	konisch		

Das „Neusuhler" Gewehr M 1807

Gesamtlänge:	1,465 m	Gewicht:	3,36 – 3,75 kg
Lauflänge:	1,070 m	Kaliber:	16,5 mm
Garnitur:	keine Bünde, Kappe und Abzugsbügel Messing		
Bajonett:	0,700 m, davon Klinge 0,637 m		
Zündloch:	konisch		

Das Gewehr „Wiener Facon" oder Wiener Gewehr neuer Facon (M 1811)

Gesamtlänge:	1,440 - 1,450 m	Gewicht:	4,05 kg
Lauflänge:	1,060 - 1,065 m	Kaliber:	16,5 mm
Garnitur:	messinge Bünde, Kappe und Abzugsbügel Messing		
Bajonett:	0,530 m, davon Klinge 0,472 m		
Zündloch:	konisch		

Die Unteroffiziere müssen ein Unteroffiziersgewehr[93] getragen haben, dass vom Mannschaftsmodell abwich. So gibt das Regiment Sahr am 22.09. an, dass zwei Unteroffiziersgewehre fehlen.

4.1.1 Die Gewehre der leichte Infanterie

Holtzendorff gibt auf S.6 für das Neusuhler Gewehr als das Standardgewehr der leichten Infanterie: „ … es erhielten endlich im Jahre 1808 die Schützen glatte, nach einer Vorschrift vom 23.Juli 1807 in Suhl gefertigte Gewehre, mit welchen auch die beiden leichten Infanterieregimenter im Jahre 1810 bewaffnet wurden[94] … Dieses gute, leichte Gewehr, von welchem viele wie Büchsen schossen … das kleine, feine Schloss war in seiner Stellung des Hahnes zur Batterie, in der Verstählung des letztern und in Hinsicht der Federn vortrefflich gearbeitet und versagte selten … Man muss jedoch auch einige Fehler dieses Gewehrs hervorheben und zwar: die zu leichte Schäftung und deshalb starker Rückstoss; wegen der geringen Eisenstärke erhitzte sich das Rohr im andauernden Gefechte so, dass der Mann es kaum halten konnte und es sich dann bei dem geringen Spielraum schwer laden liess; endlich wurden die, das Rohr mit dem Schafte verbindenden Schieber durch den Gebrauch locker und standen deshalb oft aus dem Schafte vor, was Verletzungen der Hand verursachte."

Nach Vollmer gab es noch mehr Kritikpunkte. So wird zwar am 21.10.1807 festgestellt, dass das Gewehr gut schießt, jedoch die Zündlöcher verschleimen und die Schlagfedern zu schwach sind. Am 01.05.1808 schickt die Truppe 4 Gewehre an das Kriegsratskollegium, um die schlechte Arbeit der Suhler Fabriken[95] zu beweisen. So sind mehrere Läufe gesprungen und auch der Reparaturaufwand ist beträchtlich.

Die Verhältnisse des Jahres 1813 hinterlassen auch bei der leichten Infanterie ihre Spuren. Eine am 27.07.1813 verfasste Liste gibt als Grundmodell für die beiden leichten Bataillone das Suhler (sprich Neusuhler) Gewehr. Die von den

---

[93] Ob es sich bei diesen Unteroffiziersgewehren um solche nach der Vorschrift vom 08.06.1807 (evtl. Dragonergewehr M 1745/85) oder um Voltigeurgewehre Mle an IX oder um ganz andere Waffen handelt, hat sich nicht ermitteln lassen.

[94] Das 1.leichte Regiment hatte am 02.05.1810 im Bestand 182 Gewehre alter und 266 Gewehre neuer Facon. Die 182 Gewehre alter Facon sollten an das Regiment Friedrich abgegeben, dafür 836 Stück aus dem Hauptzeughaus und 450 Stück von den im Lande stehenden Teil des Regiments Dyherrn erhalten. Das Regiment sollte insgesamt 1.552 Gewehre haben. Neben den Gemeinen und Unteroffizieren erhielten auch die Fouriere Gewehre. Die genannten 836 Stück sowie 583 Stück für das 2.leichte Regiment sollten am 19.05.1810 durch ein Kommando von 1 Unteroffizier und 6 Gemeinen in Dresden aus dem Hauptzeughaus abgeholt werden. Neben den Gewehren waren die Bajonette nebst Scheiden, die Krätzer und die Gewehrriemen nebst Knöpfen in Empfang zu nehmen. Darüber hinaus waren auch noch 1 Zentner Büchsenpulver und 1 ½ Zentner Blei für das Zielschießen des Jägerkorps mit zu empfangen.

[95] Es hatten geliefert die Meister J.G.Sturm, G.D.Sauer, J.P.Sauer, H.Spangenberg und H.Anschütz. Kritisiert wird (17.12.1808) die „saumselige Ablieferung, wie … nachlässige Arbeit".

Bataillonen abgeforderten Listen hinsichtlich der unbrauchbaren Gewehre ergibt für das Bataillon Sahr[96] 52 unbrauchbare (35 Suhler, 15 Wiener Facon und 2 Suhler alter Facon) und 29 fremde (19 französische, 2 würzburgische, 7 preußische und 1 schwedisches) Gewehre. Am 24.09. erfolgt der Austausch der unbrauchbaren und fremden Gewehre gegen Neusuhler Gewehre.

Um die Bewaffnung der leichten Regimenter mit Suhler Gewehren sicherzustellen, sollten die Grenadier-Bataillone ihre Suhler Gewehre an die leichte Infanterie abgeben und dafür im Tausch von dieser Wiener Gewehre bekommen[97].

An **scharfen Patronen** führten die Schützen 60[98] und die Unteroffiziere 16 Stück.

4.1.2 Die Gewehre der Regimentsschützen

Die Regimentsschützen trugen die Gewehre ihrer Regimenter[99].

4.1.3 Die Gewehre der Jäger

Die Jäger führten ihre eigenen Büchsen, die lediglich auf königliche Kosten mit eisernen Ladestöcken versehen wurden[100].

---

[96] Das Bataillon Lecoq hat lediglich 14 unbrauchbare und 5 Gewehre fremder Heere angegeben.
[97] Befehl vom 12.08.1813. Nach den Bestandlisten von 25.07. hatte das Regiment Lecoq 133 Wiener Gewehre im Bestand, das Regiment Sahr 160.
[98] Diese 5 Dutzend sollten in der Patronentasche geführt werden. Die Ausrüstung des Mannes mit diesen erfolgte erst im Januar 1812. Am 20.04.1813 stellt der Intendant offiziell fest, dass die Patronentasche für 5 Dutzend zu klein ist und der Mann daher nur 4 Dutzend in der Patronentasche führen soll.
Am 04.09.1813 wird die Zahl der mitzuführenden Patronen auf 50 festgelegt. Was nicht in die Patronentaschen passt, soll in den Tornister gepackt werden. (Befehl des Marschalls Ney).
[99] Die Regimenter Low und Rechten führten 1813 Altsuhler Gewehre. Da diese beiden Regimenter seit 1808 einen Teil der Garnisonen von Danzig und Glogau ausmachten, stellt sich die Frage, ob sie überhaupt bei der Neubewaffnung mit Gewehren Wiener Facon berücksichtigt wurden. Eine Beibehaltung der Altsuhler Gewehre hätte kalibertechnisch den Vorteil gehabt, auch französische Munition verschießen zu können.
[100] Die Rechnung über die Anschaffungen beim Jägerkorps verzeichnet hierfür 63 Taler und 9 Groschen. Darunter befinden sich 58 Taler und 3 Groschen für die Abänderungen (Anpassung der Länge und versehen mit Kugelzieher, Bolzeneinschraubeisen und Heft) an 93 aus dem Hauptzeughaus verabreichte eiserne Ladestöcke und 5 Taler 6 Groschen für die Neufertigung von 18 Ladestöcken (ist vom Rechnungsrevisor dahingehend kommentiert worden, dass nur 75 Ladestöcke verabreicht und abgeändert wurden, die restlichen 18 neu gefertigt wurden). Die fehlenden 26 Stück (um auf 119 Ladestöcke zu kommen) sind anfänglich nicht zu erlangen gewesen und konnten auch später nicht erlangt werden, da hierzu die Büchsen der mittlerweile auf Kommando stehenden Jäger erforderlich waren.

4.2 Die Seitenwaffen

In der sächsischen Armee waren drei Modelle im Gebrauch.

Abb.13   Musketierpallasch neuer Facon (M 1808, oben) und alter Facon (M 1780) (Rekonstruktionen)

Musketierpallasch neuer Facon (M 1808)[101]

Länge: 0,74 m   Klingenlänge: 0,61 m

Musketierpallasch M 1780

Länge: 0,71 m   Klingenlänge: 0,58 m

Grenadiersäbel M 1783 (?)[102]

Die Waffe ist vom Griff her dem Musketierpallasch M 1780 gleich, hat jedoch ein Stichblatt mit anschließendem Handschutz, der in einer Spange zur oberen Ecke des Griffbügels ausläuft.

Länge: 0,82 m   Klingenlänge: 0,68 m

Auch scheinen die älteren Unteroffiziere eine andere Seitenwaffen, den so genannten <u>Sergeantensäbel</u> getragen zu haben, wobei fraglich ist, ob und wenn ja wer (Sergeanten und/oder Feldwebel) diesen im Zuge der Neubewaffnung behielt[103].

---

[101] Da die Haken an den Seitengewehr- und Bajonettscheiden brachen, so wurde befohlen, zukünftig und bei Reparaturen die Scheiden mit einem Riemchen und die Koppel mit Schnallen zu versehen. (Befehl Intendant an die Wirtschaftskommissionen vom 23.04.1813)

[102] Siehe Hilbert S.81 ff Waffen 91 - 93

[103] Siehe Hilbert S.82 Waffe No.94. Er schreibt hierzu: „...für diese älteren Unteroffiziere waren schon zur Zeit Augusts des Starken besondere Waffen reglementiert worden. ... Bei dem hier zu besprechenden Säbel haben wir es mit einem Vorläufer des späteren Feldwebelsäbels von 1825 zu tun. Das Löwenkopfgefäß aus Messing ist in seiner Grundform dem österreichischen Säbel für ältere Unteroffiziere der Infanterie ... entlehnt. Der beledertе Griff hat 18 Rillen mit einer verdrillten Kupferdrahtwicklung. Die Klinge ist in der Form identisch mit der des Grenadiersäbels." Die Gesamtlänge betrug 0,805 m bei 0,68 m Klingenlänge.

4.2.1 Die Seitenwaffen der leichten Infanterie

Holtzendorff gibt auf S.51 an: „Die Regimenter … erhielten Suhlaer Seitengewehre, mit dem Griffe in Form eines römischen Schwertes …"

Diese einheitliche Bewaffnung mit neuen Seitengewehren hat zum Feldzug von 1812 noch nicht bestanden. So geben die Desertionslisten[104] des 2. leichten Regiments für die Monate Februar – April 1812 noch Seitengewehre alter Facon (M 1780)[105].

Nach den Verlusten des Russlandfeldzuges mangelte es erheblich an Seitengewehren. So erhielten die Unteroffiziere (excl. der Feldwebel[106] und Chirurgen) der leichten Regimenter nach einem Befehl vom 23.04.1813[107] Seitengewehre neuer Facon. Gleiche Seitengewehre erhielten die Tambours. Die Zimmerleute und die Musik sollten Seitengewehre fremder Armeen bekommen. Insofern danach noch Seitengewehre übrig waren, sollten diese an die ältesten Leute, die schon Feldzüge mitgemacht hatten, ausgegeben werden.

Die Offiziere führten den Säbel der Chevauxlegers-Offiziere.

4.2.2 Die Seitenwaffen der Regimentsschützen

Die Regimentsschützen führten die Seitenwaffen ihrer Einheit, d.h. die Schützen der Musketiere den entsprechenden Musketierpallasch, die der Grenadiere den Grenadiersäbel.

Mit dem Befehl vom 23.04.1813 wurde festgelegt, dass neben der leichten Infanterie nur die Regimenter König und Niesemeuschel die Seitengewehre neuer Facon, die restlichen Regimenter aber solche alter Facon erhalten sollten.

---

[104] „Liste der vom 2ten leichten Regimente in den Monaten Februar, Maerz und April 1812 desertirten Mannschaften". Die Liste enthält die Namen von 11 Mann (1.Kpn. 3, 4.Kpn. 2, 6.Kpn. 2, 7.Kpn. 2, 8Kpn. 3) mit einer detaillierten Auflistung der mitgenommenen Gegenstände. Eine ähnliche Liste des 1. leichten Regiments auf die Monate Januar – März enthält diese detaillierten Aufstellungen nicht, da der Major von Raden diese Aufstellung persönlich mit ins Depot genommen hat.

[105] Carl Gottlieb Jacob (28, geboren in Mühlau bei Reichenbach) von der 1. Kompanie und Carl Wilhelm Rietzsch (24, geboren in Oschatz) von der 4. Kompanie desertierten am 06.02.1812 aus unterschiedlichen Kantonnements u.a. unter Mitnahme jeweils eines Seitengewehrs alter Facon. In den Befehlen von 1812 hat sich eine Zufuhr von Seitenwaffen neuer Art zur Truppe bisher nicht feststellen lassen.

[106] Die Feldwebel hatten im 1812er Feldzug russische Pallasche bekommen und gaben dafür ihre bisherigen Seitengewehre ab (Vollborn). Ob die Feldwebel nun vorher den Sergeantensäbel oder den Mannschaftssäbel führten, verrät Vollborn leider nicht.

[107] Hierbei sollten die Seitengewehre unpassender Facon mit anderen Regimentern getauscht werden.

4.2.3 Die Seitenwaffen der Jäger

Zum Dienst brachten die Jäger neben ihrer Büchse auch ihren Hirschfänger mit.

4.3 Das Lederzeug

4.3.1 Das Lederzeug der leichten Regimenter

Es wurde bei den leichten Regimentern „an neuen schwarzen Lederwerk"[108] geführt:

Patronentasche[109] mit Riemen
Degenkoppel
Bandelier für die Tambours
Axt-Futterale für die Zimmerleute
Schurzfelle für die Zimmerleute.

Gemäß Befehl des Brigadiers vom 05.04.1811 sollten der Patronentaschenriemen und das Koppel nicht mehr gewichst („...weil dies dem Lederwerk nachtheilig ist...") werden. Die Reinhaltung und Konservierung sollte dadurch erfolgen, dass: „ das Leder fleißig zwischen den Fingern gerieben, mit einem feuchten, nur ganz wenig in Oel getauchten Läppchen bestrichen, und sodann mit einem trocknen Lappen, wieder sorgfältig und rein abgerieben wird.".

Das richtige Tragen von Patronentaschenriemen und Säbelkoppel ist ein Gegenstand, die u.a. den Divisionär zu mehrerer Erinnerungen veranlasst[110].

4.3.2 Das Lederzeug der Regimentsschützen

Die Regimentsschützen trugen das Lederzeug ihrer Einheiten.

---

[108] So bezeichnet und aufgeführt in einer Bestandsabfrage des Brigadiers vom 23.04.1810
[109] Bei den leichten Regimentern war die Patronentasche der Schützen mir einem Jagdhorn, die Kartusche der Unteroffiziere mit dem kgl. Namenszug (jeweils in Messing) versehen.
[110] Am 21.07.1811 schreibt der Divisionär an beide Regimentskommandeure: „ Es sind heute einige Kommandierte der leichten Infanterie bei mir gewesen, deren Lederwerk nicht der Vorschrift gemäß angepasst war. Bei Allen fand ich die Patronentasche und die Kuppel zu lang. Erstere hing auf die rechte Seite und nicht hinten, und das Seitengewehr war vor dem linken Schenkel, statt das es nach hinten zu hängen soll. Diese Gegenstände habe ich schon so oft erinnert, dass es mir sehr unangenehm ist, sie jetzt noch erwarten zu müssen. Zwei dieser Kommandierten, Einer vom 1., Einer vom 2. Regiment, meldeten sich ohne allen Anstand. Ew. pp. werden besorgt sein, dass das Lederwerk heute noch auf das genaueste angepasst werde." Am 15.10.1811 schreibt der Brigadier: „ 3) Besonders mißfällig war dem Herrn Generalleutnant, daß trotz der vielfältig wiederholten Befehle und Erinnerungen, noch immer nicht auf das richtige und egale Hängen der Patronentasche und Kuppels gesehen wird..."

4.3.3 Das Lederzeug der Jäger

Die Jäger erhielten auf königliche Kosten Hirschfängerkoppel en bandouilliere. Da Patronentaschen in der Anschaffungsrechnung von 1809 nicht gegeben werden, ist davon auszugehen, dass die Jäger mit Zeughausbeständen ausgerüstet wurden oder aber die Anschaffung zu einem späteren Zeitpunkt erfolgte.

4.4 Die Feldequipage

4.4.1 Die Feldequipage der leichten Regimenter

Unter die Feldequipage fielen der Tornister, die Feldflasche und die Feldkessel.

An Tornistern wurden solche von alter und neuer Facon geführt. Die Tornister alter Facon hatten keinen Überschwungriemen (um Tornister und Mantelrolle). Dieser musste 1812 von der Mannschaft auf eigene Kosten angeschafft werden.

Mitzuführen hatte der Mann an Beimontur:

1 Paar Tuchhosen (angezogen) und 2 Paar weiße Leinwand-Pantalons (1 Paar angezogen und 1 Paar im Tornister, nach Verhältnis der Umstände auch beide Paar im Tornister)

2 Paar Tuchgamaschen und 1 Paar Leinwandgamaschen (wovon 1 Paar angezogen und 2 Paar im Tornister)

2 Paar Schuhe (wovon 1 Paar angezogen und 1 Paar im Tornister)

3 Paar Socken (wovon 1 Paar angezogen und 2 Paar im Tornister)

3 Hemden (wovon eins angezogen und zwei im Tornister)

1 vorschriftsmäßige Halsbinde um den Hals

3 Halstücher (wovon eins um den Hals unter der Halsbinde und 2 im Tornister)

6 Halsbindenstreifchen

An übrigen Bedürfnissen waren mitzuführen: 1 kleiner Frisierkamm, 1 Schwamm, 1 kleine runde Büchse von Blech mit Schuhschwärze, 2 Schuhbürsten, 1 Kleiderbürste, etwas Zwirn mit 2 Nähnadeln, 1 Stückchen Kreide, 1 Stückchen Ton, 1 Stückchen Seife und 1 Kerpfholz. Darüber noch 1 Sack von grauer Leinwand, der dem Soldaten dazu dienen soll, die Verpflegung zu empfangen und sich Nachts auf dem Lager einwickeln zu können.

Zum Packen des Tornisters bei der leichten Infanterie hatte der Brigadier am 18.03.1811 die entsprechende Vorschrift erlassen. Der gepackte Tornister (mit Mantelrolle) wog 13 ¾ Pfund (6,4 kg).

Die **Feldflaschen** bestanden aus einer Weißblechhülle (Unterteil und Deckel) und einer Glasflasche, die in dieser Weißblechhülle transportiert wurde. Die Weißblechhülle diente als Kochgeschirr.

Auf 8 – 10 Mann (= 1 Menage) wurde ein **Feldkessel**[111] ausgegeben. Dieser wurde von einem Mann der Menage oben auf der Schmalseite des Tornisters getragen.

Gleichfalls auf 8 – 10 Mann wurde ein so genanntes Zeltbeil mitgeführt.

4.4.2 Die Feldequipage der Regimentsschützen

Diese entsprach der der leichten Regimenter.

4.4.3 Die Feldequipage der Jäger

Zum Verstauen und Transport ihrer Sachen hatten die Jäger ihren Dachsranzen mit zum Dienst zu bringen.

Sie erhielten auf königliche Kosten so genannte Büchsenstrümpfe[112].

5. Reglements und Instruktionen

Für die gesamte Infanterie galten als Reglements:

a) Exerzierreglement für die Churfürstliche Sächsische Infanterie vom Jahre 1804 vom 25.01.1804

b) Berichtigungen und Zusätze des Exerzierreglements der Infanterie vom Jahre 1804 vom 24.04.1810

5.1 Leichte Infanterie

Für die leichte Infanterie galt noch speziell:

c) Reglement für die Königlich Sächsische leichte Infanterie zu den Uebungen außer der geschlossenen Ordnung vom 24.04.1810[113].

Dieses Reglement galt – wie der Name schon sagt – nur für die Bewegungen außerhalb der geschlossenen Ordnung. Ansonsten rangierte und exerzierte ein leichtes Infanterie-Regiment in der geschlossenen Ordnung wie ein Linieninfanterie-Regiment vom 8 Musketier-Kompanien.

---

[111] Über die Form des Feldkessel ist nichts bekannt, jedoch ist eine längliche oder nierenförmige Geometrie zu unterstellen (da die Kessel beim Abkochen neben dem Feuer standen, sind runde Kessel weniger gut geeignet). Das Fassungsvermögen müsste zwischen 5 -10 Litern betragen haben. Um den Kessel auf dem Tornister zu befestigen, musste der Packriemen um 1¼ Elle (rund 71 cm) verlängert werden (Anfrage des Majors v.Egidy vom 04.03.1812).
[112] Die Büchsenstrümpfe waren von grauem Tuch und mit Leinwand gefüttert.
[113] Heft 18 dieser Reihe

Die gedruckten Exemplare der Reglements vom 24.04.1810 sollten Mitte Juni bei den Truppen eintreffen[114]. Es wurden jedoch schon Vorababschriften an die Regimenter verteilt, damit diese mit dem Exerzieren beginnen konnten.

Neben der Beantwortung wiederkehrender Fragen zur Auslegung der neuen Reglements, übersandte der Brigadier am 06.05.[115], 30.06. und 28.10.1811 den Regimentern die jeweils bis dahin erfolgten Abänderungen zu den Übungen außer der geschlossenen Ordnung[116].

Detailinstruktionen gab der Divisionär z.B. zum Verhalten auf Märschen (29.09.1811) und zum Kontremarsch in geschlossenen Kolonnen (13.03.1812).

5.2 Regimentsschützen

Für die Regimentsschützen galt als Vorschrift der Unterricht für die Scharfschützen aus dem Jahre 1804[117]. Die danach eingeübten Schützen und Reserveschützen waren (vollständig?) in die leichten Regimenter übernommen worden und die mit diesem Unterricht gleichfalls abgedeckte Zusammenziehung der Schützen in Bataillone nun dauerhaft vollzogen. Teile dieses Unterrichtes wurden in das neue Reglement zu den Übungen außer der geschlossenen Ordnung aufgenommen.

Für die neu herausgezogenen Regimentsschützen der gesamten Infanterie wurde zur Herstellung der Gleichförmigkeit folgendes angeordnet[118]:

a) Die Schützen werden – wie bisher – hinter den halben Divisionen verteilt[119]

b) In Ermangelung der Signalhörner werden die Signale in ausgedehnter Ordnung mit der Trommel gegeben[120]

---

[114] Anzeige des Brigadiers vom 08.05.1810

[115] Generalmajor v.Sahr schreibt am 06.05.1811 an den Major v.Egidy: „13.) da nach und nach so viel Bemerkungen, Erläuterungen und Zusätze zu dem Reglement für die leichte Infanterie gegeben worden sind, und es den Herrn Offizieren schwer wird, solche nachzusuchen, dadurch aber Ungewißheit und Verschiedenheit entsteht: so erhalten Ew. Hochwohlgebr. hier beigeschloßen alle diese gegebenen Bemerkungen zusammen getragen, und zwar nicht in der Ordnung, wie sie nach und nach eingegangen sind, sondern nach der Ordnung der Pag. und §. des Reglements für die leichte Infanterie; dieses erleichtert den Herrn Offiziers das Nachlesen. Wenn gleich jetzt nicht der Zeitpunkt ist, um dieses abzuschreiben, so kann dies dennoch gelegentlich geschehen. Ich habe einige ganz unbedeutende Abänderungen gemacht; diese sind mit einem † bezeichnet."

[116] Die jeweiligen Anhänge befinden sich nicht in den vorliegenden Akten

[117] Heft 17 dieser Reihe

[118] Generalleutnant v.Lecoq an den Generalmajor v.Sahr am 16.08.1810

[119] Das Infanterie-Reglement vom Jahre 1804 (V:Abschnitt, § 15) gibt hierzu: Die Scharfschützen, und zwar sechs derselben erhalten ihren Platz hinter dem rechten Flügel des ersten Zugs; die übrigen vier aber, nebst dem Schützenunteroffizier, hinter dem rechten Flügel des dritten Plotons oder der zweiten halben Division, in der Linie der schließenden Unteroffiziers."

[120] Sh. Anlage 01

c) Das Reglement der leichten Infanterie ist als Anleitung zum Unterricht der Schützen zu nutzen. Die Schützen sollen in nichts weiter unterrichtet werden, als was „man unter dem Worte tiraillieren versteht" und wie man aus der ausgedehnten Ordnung sich schnell sammelt und im Trupp sowie im Viereck oder auch nur mit 2 – 3 Rotten Verteidigungsstellung gegen Kavallerie annimmt.

d) Die Schützen sind erst als solche zu üben, wenn die Übungen in den vereinigten Bataillonen beginnen.

e) Diese Schützen werden in allen Listen als Gemeine nach ihrer Rangierung in den Kompanien geführt und stehen bei den Musterungen in dieser Rangierung in ihrer Kompanie.

f) Die Schützen sollen besonders im Zielschießen geübt werden.

g) Die Märsche der Bataillone (z.B. aus den Standquartieren in die Kantonnements) sind stets in militärischer Ordnung auszuführen und als Übungen im Felddienst zu betrachten[121].

Spätesten 1811 wurde auch bei der Linieninfanterie das Tiraillieren geübt[122].

Ab Mai/Juni 1812 wurden die Schützen ins dritte Glied gezogen[123].

5.3 Jäger

Eine spezielle Instruktion für die Jäger ist bisher nicht bekannt.

---

[121] Vom Reglement her behielten die Scharfschützen ihre besonderen Aufgaben. So sagt das Reglement für die leichte Infanterie von 1810 u.a.:"§ 28 Die Scharfschützen gehen mit vor und verteilen sich in der debandierten Linie …" und „§ 30 Einzelne Rotten aus den Zügen sollen nie zum Debandieren vorgeschickt werden … Die vorhandenen Schützen machen den Gebrauch der einzelnen Rotten zum Debandieren ganz unnötig." In den Akten haben sich besondere Aufgaben der Schützen auffinden lassen (so werden ihnen z.B. besondere Aufgaben währen der Märsche zugeteilt, u.a. Bildung von Arrieregarden). Ob nun die Übungen der Regimentsschützen in der Folgezeit vollumfänglich auf die im Scharfschützenreglement von 1804 erwähnten speziellen Aufgaben (z.B. Seitenpatrouillen, Deckung der Bagage) ausgedehnt wurden, hat sich nicht ermitteln lassen.

[122] „Das Tiraillieren ist auch bey der Linieninfanterie fleißig zu üben. Wir müßen in der Folgezeit der Schützen entbehren können." Befehl des Generalleutnants v.Lecoq vom 21.07.1811.
Die Schützen konnte man in der Folge nicht entbehren. So hebt der Brigadegeneral Villiers (IX.Armeekorps, 28.Division) „… die beiden Offiziere, welche die Schützenzüge des Regiments Rechten kommandierten…" in einem Schreiben vom 01.01.1813 besonders hervor.

[123] F.E. Aster schreibt in seinem Tagebuch (Heft 22 dieser Reihe) für die Revue vor dem König von Westphalen: „Bis auf weiteres werden ein für allemal die Schützen im 3^n Gliede auf dem linken Flügel jeder ½ Division gestellt, sie werden … vom Capitain in Züge eingeteilt … No.1 – 6 stehen im 3^n Glied der 1sten ½ Division und No.7 -12 im 3^n Glied der 2^n ½ Division …". Nach Vollborn war die Erhöhung der Schützenanzahl von 10 auf 12 zzgl. des Schützenunteroffiziers bereits 1808 in Kraft.

6. Märsche und Signale

Hinsichtlich der Märsche wurde am 18.04.1810 festgelegt, dass die leichten Regimenter zum Parade-Schritt und zu den Honneurs den Musketier-Marsch zu spielen haben. Zum Ordinär- (90 Schritt/min) und zum Geschwindschritt (120 Schritt/min) legte der Generalleutnant v.Lecoq den zu schlagenden Marsch fest.

Auch verfügte er, dass jedes Regiment zum Parademarsch ein für allemal den gleichen Marsch zu spielen hat, der der bisherige aber auch ein neu zu komponierender Marsch sein kann, solang er sich von denen der anderen Regimenter unterscheidet. Sobald sich ein Regiment festgelegt hat, muss es den Marsch mit allen Stimmen in Divisions-Archiv schicken.

Der Zapfenstreich blieb derselbe, wie er bereits vor 1806 seit langen Zeiten in der Armee eingeführt war. Adagios dürfen zum Zapfenstreich nicht geblasen werden, da alle militärische Musik hebend und von der Trommel begleitet sein soll.

Am 26.04.1811 wurden hinsichtlich der Signale noch an Verfügungen getroffen:

1) Die geschwindeste Art der Sammlung war der Generalmarsch (Trommel) oder das Signal Sammelt euch![124] Die Mannschaft musste hierbei so schnell als möglich auf dem Sammelplatz erscheinen und erst dort den Anzug völlig in Ordnung bringen.
2) Soll indessen die Mannschaft zwar geschwind aber akkurat adjustiert auf dem Sammelplatz erscheinen, so wird auf der Trommel Apell! geschlagen und auf dem Horn Schützen vor! geblasen. Die Tambours und Hornisten hatten genau aufzumerken, welches Signal gegeben worden war und hatten dieses in ihrem Kompaniebezirken nach zu blasen und zu schlagen.
3) Wenn die Leute nach einer Ruhe- oder Marschpause wieder in Reih und Glied treten sollen, so ist der Generalmarsch zu schlagen bzw. Achtung![125] zu blasen.
4) Wenn die Mannschaft schon zusammen steht, und es soll in Kompanien gestellt werden, so wird Roulement geschlagen, für das Einrücken ins Alignement aber Apell!. Ist kein Tambour vorhanden, so muss der Hornist in beiden Fällen Apell! blasen.
5) Wenn auf der Wache kein Trommler sondern nur ein Hornist vorhanden ist und ein General die Wache passiert, so hat der Hornist Apell! zu blasen und zwar für den Generalleutnant 3mal und den Generalmajor 2mal, an Stelle des sonst üblichen Wirbels.
6) Zum Zapfenstreich wird nie ein anderer als der schon immer in der Armee eingeführt gewesene geschlagen

---

[124] Der Divisionär hatte es dem Brigadier freigestellt, als Gegenstück für den getrommelten Generalmarsch ein „neues, jedoch ganz einfaches aus zwei Tönen zusammengesetztes Signal einzuführen", wovon der Brigadier aber keinen Gebrauch machte.
[125] Sammelt euch! kann nicht geblasen werden, da sonst Vor- und Nachhut einrücken müßten.

Die Signale in der ausgedehnten Ordnung wurden bei den leichten Regimentern und den Jägern mit den Signalhörnern und den Signalpfeifchen der Unteroffiziere und Offiziere gegeben. Bei den Regimentsschützen erfolgte die Signalgabe mangels Hörner mit der Trommel[126]. Ob die Unteroffiziere der Regimentsschützen auch Signalpfeifchen führten, ist zwar aus den Akten nicht zu ersehen aber dennoch zu vermuten.

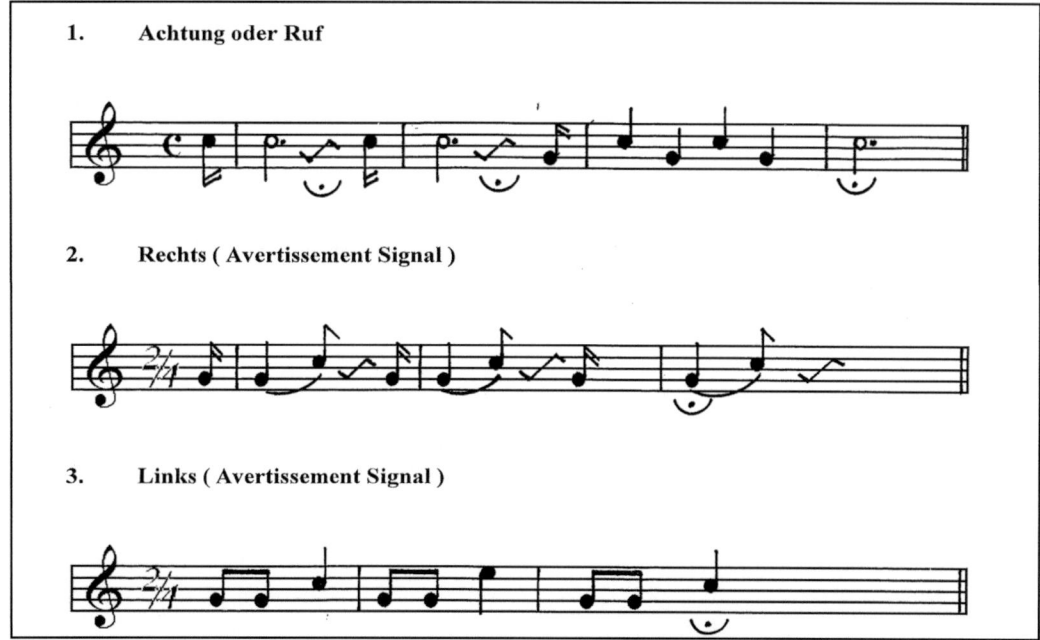

Abb. 14　　　Noten aus dem leichten Reglement von 1810

Der Holtzendorff'schen Aussage (S.51): „Die Hornsignale blieben dieselben, der preußischen Armee entlehnten, welche die Schützen seit 1804 hatten." ist zu widersprechen, da die Übereinstimmung zwischen den Signalen von 1804 und denen von 1810 nur gering ist[127].

Weiterhin schreibt Holtzendorff: „Die Flügelhörner wurden mit Aufsätzen und Krummbogen versehen, auch vom Offizierskorps einige Trompeten und Posaunen angeschafft, um, unter Leitung des Stabshornisten, eine sehr mittelmäßige Harmoniemusik blasen zu können … Die Musik des Jägerkorps zeichnete sich vorteilhaft aus." Die mit der Erstausrüstung angeschafften Instrumente[128] des Jägerkorps lassen eine nicht geringe Übereinstimmung mit den Instrumenten der leichten Infanterie erkennen, so dass die vorteilhafte Auszeichnung wohl eher auf die besseren Musiker der Jäger zurückzuführen ist.

---

[126] Festlegung durch den Generalleutnant v.Lecoq vom 16.08.1810, siehe Anlage 01
[127] Die Signale sind im Scharfschützenreglement von 1804 (Heft 17) und im leichten Reglement von 1810 (Heft 18) abgedruckt.
[128] An Instrumenten schaffte das Jägerkorps an: 3 Flügel- oder Signalhörner (mit braunem Leder eingebunden), 1 Quartposaune, 1 F-Trompete mit Es-Bogen und Setzstücken, 3 Waldhörner und 1 F-Horn mit Es-Krummbogen, Mundstück und 3 Setzstücken für insgesamt 98 Taler.

7. Quellen

Berichtigungen und Zusätze des Exerzierreglements der Infanterie vom Jahre 1804 vom 24.04.1810

Cerrini – Die Feldzüge der Sachsen 1812 und 1813 – Dresden 1821

Exerzirreglement für die Churfürstlich Sächs. Infanterie vom Jahre 1804 – Dresden 1804

Exner – Der Anteil der Kgl. Sächs. Armee am Feldzug gegen Rußland – Dresden 1896

Hauptstaatsarchiv Dresden
<u>11 340 Infanterie Formationen</u>
436	Jägerkorps, Abrechnung Anschaffungen Montur etc. 1809
439	Eingegangene Ordres (01 – 03/1810)
440	Eingegangene Ordres (04 – 07/1810)
441	Eingegangene Ordres (07 – 12/1811)
442	Eingegangene Ordres (01 – 04/1811)
443	Eingegangene Ordres (05 – 06/1811)
444	Eingegangene Ordres (01 – 03/1812)
445	Eingegangene Ordres (04 – 06/1812)
446	Ordrebuch des 1.leichten Regiments (01 – 02/1813)
448	Sammlung Befehle 2.leichtes Regiment (01 – 06/1813)
449	Eingegangene Befehle (07 – 08/1813) (1.leichtes)
450	Eingegangene Befehle (07 – 08/1813) (2.leichtes)
458	Registrade Befehle II./1.leichtes (05/1810)

<u>11 343 Feldzugsformationen</u>
216	Ordre-Extrakt Division Zeschau 1811
257	Wirtschaftssachen 1813
260	Rapporte General v.Sahr 1813
267	Tagesbefehle 1813
268	Tagesbefehle 1813

<u>11 372 Militärgeschichtliche Sammlung</u>
083	Vollborn Erlebtes

Holtzendorff – Geschichte der Königlich Sächsischen Leichten Infanterie – Leipzig 1860

N.N. – Neuuniformierte Kgl. Sächs. Armee nach der Natur gezeichnet – Dresden 1811

Lünsmann – Sächsische Felduniformen / Zeitschrift für Heereskunde 1934

Reglement für die Königlich Sächsische leichte Infanterie zu den Uebungen außer der geschlossenen Ordnung vom Jahre 1810 – Norderstedt 2011 (Heft 18)

Schubauer – Die Schlacht bei Podobna am 12.August 1812 – o.O. 1862

Schön – Geschichte der Handfeuerwaffen – Dresden 1858

Stamm- und Rangliste der Kön. Sächsischen Armee auf das Jahr 1810

Stamm- und Rangliste der Kön. Sächsischen Armee auf das Jahr 1811

Stamm- und Rangliste der Kön. Sächsischen Armee auf das Jahr 1812

Stamm- und Rangliste der Kön. Sächsischen Armee auf das Jahr 1813

Stamm- und Rangliste der Kön. Sächsischen Armee auf das Jahr 1815

Titze – 1812-Die Sachsen in Rußland – Norderstedt 2012 (Heft 19)

Titze – 1813-Die Sachsen im eigenen Land – Norderstedt 2013 (Heft 23)

Unterricht für die Scharfschützen bey der Churfürstlich Sächsischen Infanterie vom Jahre 1804 – Norderstedt 2011 (Heft 17)

Vollmer – Deutsche Militär-Handfeuerwaffen / Heft 2 – Sachsen – o.O. 2002

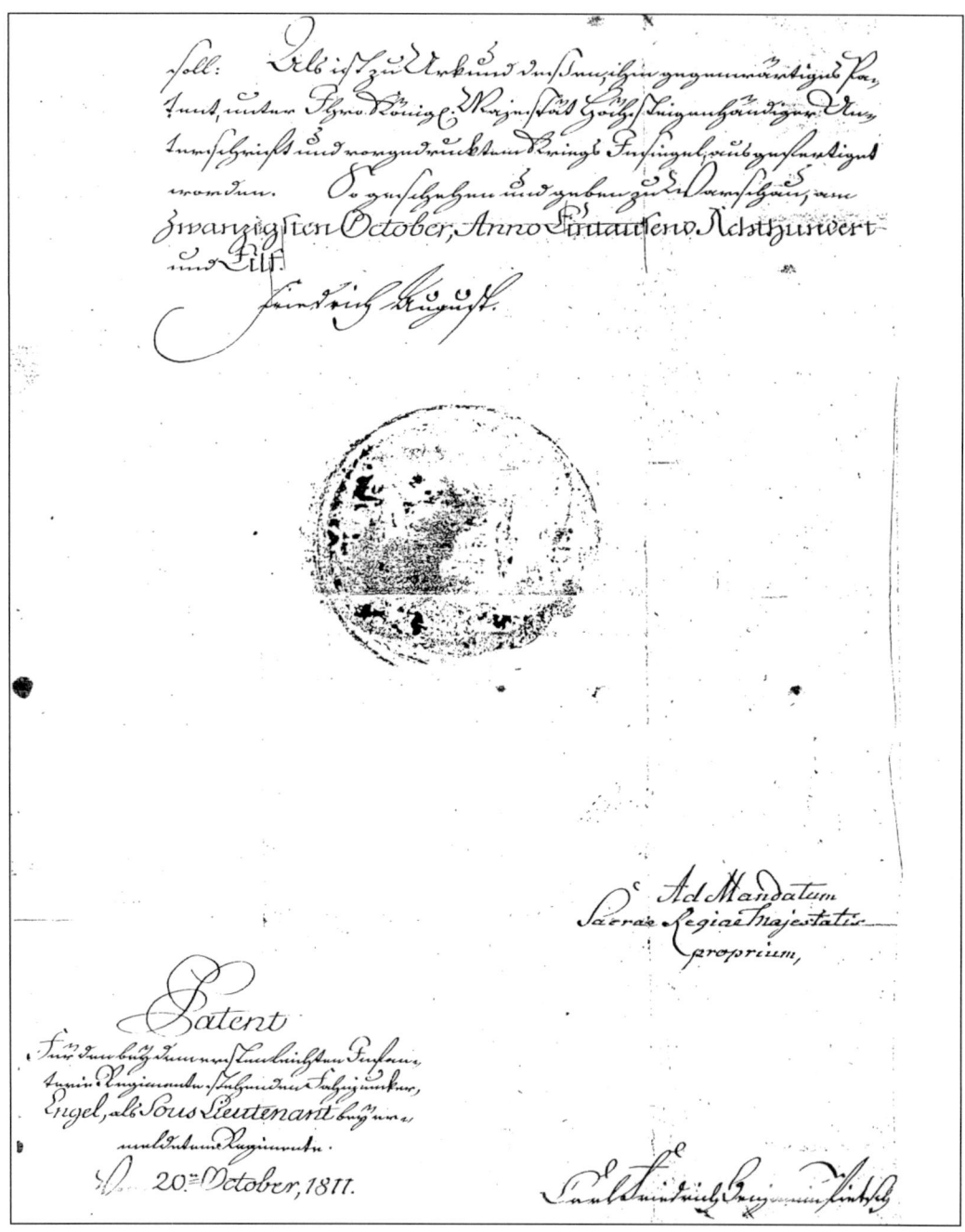

Abb. Sous-Leutnants Patent für den Fahnjunker Ernst Adolph Engel vom 20.10.1811 (Rückseite)

8. Anlagen

Anlage 01   Signale auf der Trommel

für die Schützen der Linien-Infanterie (vom 16.08.1810)

1tes Signal	**Rechts!**	Ein Ruf	vorauszuschickendes Avertissement
2tes	**Links!**	Zwei Rufe	zu jeder Bewegung, ob sie rechts oder links geschehen soll.
3tes	**vorwärts!** oder **avancirt!**		der gewöhnliche Marsch.
4tes	**retirirt!**		der Streich welcher vormals Trupp genannt wurde.
5tes	**Wendung!** oder die Sylbe **Um!**		ein kurzer Wirbel mit vorausgehenden Avertissements-Signal
6tes	**Ziehen!**		der gewöhnliche Marsch, wenn zuvor eins von den Avertissements-Signalen gegeben worden ist.
7tes	**Flügel vor!**		vorher ein Avertisssements-Signal und hierauf die so genannte Mühle zur Ausführung der Handlung.
8tes	**Halt!**		das Abschlagen
9tes	**Zusammen!**		Der Generalmarsch /:wo der Tambour steht, dahin geschieht das Sammeln.
10tes	**Nicht chargirt!**		Ein langer Wirbel
11tes	**Schützen zurück!**		Die ersten Schläge des Zapfensreichs

---

Anlage 02   Vorschrift zum Packen der Tornister

Zeitz den 18ten März 1811

Ob ich gleich mit Vergnügen bemerkt habe, welcher Fleiß und Aufmerksamkeit in allen Bataillons der mir anvertrauten Brigade, auch auf das gleichförmige Packen der Tornister verwendet worden ist, so finde ich demohngeachtet für nöthig, annoch die hier beifolgende Vorschrift dazu zu geben, damit auch die unbedeuten-den Verschiedenheiten, welche ich hier und da bemerkt habe, künftig nicht mehr stattfinden, und eine gänzliche Gleichförmigkeit in der Brigade bewirkt wird.

Ew. Hochwohlgebr: werden ersehen, daß diese Vorschrift, ziemlich mit der über-einstimmt, welche dieselben für dero unterhabendes Regiment bereits gegeben haben, daher es um so weniger Schwierigkeiten haben wird, diese kleinen Abänderungen einzuführen.

Ich ersuche dieselben gefälligst zu verfügen, daß ohne die mindeste Abweichung zu dulden, Unteroffiziers und Gemeine sorgfältig nach gedachter Vorschrift eingeübt werden, und der Mann angehalten wird, den Tornister ständig, auch selbst in seinem Quartier, in der Ordnung gepackt zu haben.

In Ansehung des 6ten Punktes mehrerwähnter Vorschrift, will ich nur noch bemerken, daß es nicht als Befehl anzusehen ist, Bretchen in die Seitenwände zu setzen, sondern blos dem Manne nachgelassen bleibt, sich bei Paraden dieses Vortheils zu bedienen, um den Tornister die flache Form zu geben.

von Sahr
General Major

An

den Herrn Major von Egidy

    Hochwohlgebr:

Vorschrift

wie künftig bei der mir anvertrauten leichten Infanterie-Brigade das innere Packen der Tornister eingeführt werden soll.

1.) Ganz unten kommen die grauen Tuchhosen, wenn der Mann sie einzupacken hat, schmutzige Wäsche, und das Nachtjäckchen zu liegen. Es ist aber zu beobachten, daß diese Sachen nur so breit gelegt werden, als der Boden des Tornisters ist.

2.) In jede der Seitenwände kommt ein kleines Säckchen zu stehen.

    In dem ersten Säckchen soll seyn:
    1 kleiner Frisirkamm
    1 Schwamm zum Waschen, vorzüglich dem behaarten Theil des Kopfes
    1 Kleiderbürste
    etwas Zwirn mit Nähnadeln
    1 Kerpfholz   zum Putzen
    1 Trippelglas mit etwas Trippel und Brandwein versehen   des
    1 kleine Putzbürste   Meßings
    1 Stückchen wollenes Tuch
    1 Stückchen schwarzes Wachs   zum Putzen
    1 Läppchen, am besten von Seide   der Patronen-
    1 Gorks   tasche
    In dem zweyten Säckchen soll seyn:
    1 kleine runde Büchse von Blech mit Schuhschwärze
    2 Schuhbürsten
    1 Lederfeile

1 Stückchen Lindenes Holz
1 Stück Leder zum Abwischen des Gewehrs
etwas Schmergel

<u>NB</u>: Diese Säckchen müßen nicht rund, sondern flach und länglich gepackt werden, damit sie gerade die Breite und Höhe der Seitenwände bekommen, letztere ausstellen und ihnen Festigkeit geben. Es darf also von den Stücken, die in diese Säckchen kommen, keines länger seyn, als die Höhe der Seitenwände der Tornister.

3.) Die weiße Wäsche wird folgendermaaßen gepackt: Der Mann nimmt ein Tuch und breitet es aus, mißt genau die Länge im Tornister von einem Säckchen zum anderen, und die Breite des Bodens vom Tornister; nach diesen genommenen Maaßen bricht er die Hemden, Pantalons und alle übrige Wäsche, legt sie recht compreß und regelmäßig übereinander, auf das ausgebreitete Tuch, und schlägt solches als dann fest zusammen, dergestalt, daß wenn das Paket fertig ist, es einem viereckigten flachen Kästchen ähnlich seyn muß, welches genau in den inneren Raum des Tornisters, und zwischen die Säckchen an den Seiten paßt.

4.) Hierauf werden die schwarzen Gamaschen und auf diese die Schuhe gelegt.

5.) Auf die Schuhe wird der grau leinwandene Sack gelegt, und zwar so, daß er, mit einem Ende um die Schuhe geschlagen verhindert, daß solche nicht auf den Rücken drücken können.

6.) Bey Paraden kann sich noch des Vortheils bedient werden, Bretchen in die Seitenwände des Tornisters zu stecken, um letzteren mehr Festigkeit und Steifheit zu geben, es muß aber dabei beobachtet werden: daß diese Bretchen ganz dünn, und genau nach den Seitenwänden geschnitten seyn müssen, damit sie letztere beym Einsetzen richtig ausfüllen; hingegen ist das Einnähen derselben zwischen das Unterfutter nicht zu dulden, weil es der Conservation des Tornisters nachtheilig seyn würde.

7.) Wenn bey einem Mann der Tornister nicht gut, vielleicht zu tief oder aber abwärts hängt, so ist ihm gestattet, sich dadurch zu helfen, daß die Trageriemen durch die Seitenpackriemen, mittelst welche der Mantel aufgeschnallt ist, gezogen werden können, und sollten beym Tragen auf diese Weise, besonders bey einem Mann mit schmalen Schultern, die Trageriemen vielleicht von den Achseln abgleiten wollen, so wird dies vermieden werden, wenn solche von auswendig nach innen durch die Seitenpackriemen gesteckt werden.

Die Hauptregel beym Packen ist, daß der Tornister so flach, als nur möglich und vollkommen viereckigt gepackt werden.

von Sahr
General Major

Anlage 03   Feld-Verpflegungs-Auswurf des 1ten leichten Infanterie-Regiments

Tractament	Monatliche Verpflegung											Portion		Ration	
	im Lande						im Felde								
	à			Summa			à			Summa					
	Tl.	Gr.	Pf.	Tl.	Gr.	Pf.	Tl.	Gr.	Pf.	Tl.	Gr.	Pf.	à	Sa.	à	Sa.
1 Commandant mit dem Gehalt eines Obersten				250						41	16			4		6
1 Oberstlieutenant, durch den Major Metzsch verr.				100										3		4
1 Major				100										3		4
2 Adjutanten + Schreibmat	33			66												
1 Auditeur				33												
1 Regiments-Chirurgus				30												
1 Bataillons-Chirurgus (steht beim Feld-Lazarett)																
4 Capitaines 1ter Klasse (incl. 1 aggr. Major)	83	8		333	8								2	8	1	4
4 Capitaines 2ter Klasse	41	16		166	16								2	8		
7 Premier-Lieutenants	22			154									2	14		
15 Sous-Lieutenants	15			225									2	30		
38 Mann Summa				1458						41	16			79		24
Löhnung																
1 Staabs-Fourier				8	12									1		
2 Staabs-Hornisten	6	12		13									1	2		
2 Büchsenmacher/schäfter	5	12		11									1	2		
1 Profos				3	12									1		
8 Feldwebel	6	12		52									1	8		
15 Sergeanten	4	12		67	12								1	15		
6 Fouriers	4	20		29									1	6		
4 Chirurgen	7	12		30									1	4		
77 Corporals	3	12		269	12								1	77		
23 Hornisten	2	12		57	12								1	23		
8 Tambours	2			16									1	8		
16 Zimmerleute	2			32									1	16		
1399 Schützen	2			2798									1	1399		
1562 Mann Summa				3387	12									1562		
1600 Mann gesamt																
ferner																
1 Equip.-Sergeant, 1 Pferd										7			1	1		
8 Equip.-Soldaten, 30 Zugpferde							2	12		20			1	8	1	30
9 Mann Summa										27				9		31

Uibrige Gebührnisse	Monatliche Verpflegung									Portion		Ration	
	im Lande					im Felde							
	à			Summa		à			Summa				
	Tl.	Gr.	Pf.	Tl.	Gr.	Pf.	Tl.	Gr.	Pf.	Tl.	Gr.	Pf.	à	Sa.	à	Sa.
Medizingeld f. 1610 Mann	1			67	2											
Beimointierungsgeld auf																
1 Equipage-Sergeanten											20		5 3/16			
8 Equipage-Soldaten								4	20				10 1/6			
Medizingeld auf diese							2				18					
Der Wirthschafts-Commission auf Berechnung von den Landberechnungsgeldern der																
178 Tl., 5 Gr. 4 Pf.				116	16											
derselben Feldzuschuß zu Unterhaltungsaufwand																
Hufschlag, Pferdekuren										83	8					
anstatt des vormals ausgesetzt gewesenen Beimontierungs-Feldzuschuß auf 1.562 Mann ebenfalls auf Berechnung							2	6		162	17					
Sa.				183	18					252	12	3 1/2				
1.609 Mann m. 31 Pferden				5029	6					321	3	3 1/2				
Summa				**5330**	**10**	**3 1/2**										
Hierüber an temporeller Verpflegung Gratifikation auf Medizin bis zu wiederhergestellten freyem Seehandel				6	33	13										
				Summa per se												

Dresden am 9ten März 1812

Friedrich August

Anlage 04   **Kritik des kommandierenden Generalleutnants am Zustand des 2.Bataillons des 1.leichten Infanterieregiments vom 25.02.1812**

Guben am 25ten Februar 1812

Alle Truppen, welche ich bis hierher seit der Uebernahme des Generalkommandos gesehen habe, haben zum Theil meinen Erwartungen entsprochen, zum Theil aber auch nicht. Dies letztere war der Fall gestern bei dem 2ten Bataillon des Ew. Hochwohlgebr. Kommando untergebenen Regiments. Als Chef dieses Regiments stehe ich mit demselben in näherer Beziehung als mit jedem andern Regimente. Ich eröffne daher Ew. Hochwohlgebr. unmittelbar meine Besorgnisse.

Das Bataillon war durchgängig, wenige einzelne Leute ausgenommen, schlecht ajustirt. Die von mir gegebenen Vorschriften wie das Lederwerk und der Tornister umgehängt werden soll, waren vernachläßigt worden. Die Patronentaschen waren größtentheils schlecht gehalten, und in Absicht der Höhe Tiefe des Kastens immer noch nicht egalisirt. Die Tuchbeinkleider der mehresten Leute, und so auch die Gamaschen waren in einem solchen erbärmlichen Zustande, daß sich der Soldat schämen muß, sich in einem solchen Kleidungsstück zu zeigen. Da das Regiment, wie sie selbst äußerten, in guter wirthschaftlicher Ordnung sein soll, so kann der Verabreichung von Beimontirungsstücken da, wo es nöthig ist, kein gesetzliches Hinderniß im Wege stehen. – Ich fand Röcke an mehreren Stellen zerrissen und viele Rockärmel zu kurz. Die Röcke müßen sofort ausgebessert, und die Aermel verlängert werde, was sich machen läßt.

Die Griffe der einzelnen Mannschaft sowohl, als die des ganzen Bataillons geschehen mit wenig Präzision, und wenn Sie mit unbefangenem Auge zugesehen haben, so werden Sie zugestehen müßen, daß das Bataillon des Regiments auch hierin dem Bataillon Anton nachstand.

Die wenigen, und ganz einfachen Evoluzions, die ich ausführen ließ, mißglückten durchgängig. Eine gewiße Trägheit zeigte sich in der Mannschaft, und die Herrn Offiziers waren in allem ungewiß. Der gemeine Soldat kann in taktischer Hinsicht bei geminderter Uebung zurück kommen, der Offizier aber darf sich hier mit dem gemeinen Soldaten nicht gleichstellen wollen.

Ew. Hochwohlgebr. wollen auf die hier gerügten Gegenstände Ihr besonderes Augenmerk richten. Ich mache Sie und die Herrn Staabsofficiere verantwortlich, daß Alles und Jedes in dienstmäßige Verfaßung gesetzt, und meine diesfallsigen Anordnungen und Vorschriften genau befolgt werden. Alle Dienstgegenstände müßen mit Ernst behandelt werden. Ich glaube daß die Herrn Staabsofficiere gegen viele Officiere zu nachsichtig verfahren. Da die Compagnie des Hauptmann Schlegel am weitesten zurück zu sein scheint, so müßen Ew. Hochwohlgebr. dafür bedacht nehmen, dieser Compagnie einen Premierlieutenant zu geben, von deßen Dienstbrauchbarkeit und von dessen Eifer Sie vollkommen überzeugt sind.

Nächstdem werden Dieselben aus der Beilage[129] ersehen, welche Mißbräuche sich der Hauptmann von Francois in den Forderungen an seinen damaligen Quartierwirth hat zu Schulden kommen lassen. Ich erwarte hierüber die Verantwortung des gedachten Kapitains.

Es wird gut sein, wenn Ew. Hochwohlgebr. die geschärftesten Befehle im Regimente erlaßen, daß kein Individuum sich ermächtige, Forderungen an seinen Quartierwirth zu machen, welche nicht mit den Buchstaben des Gesetzes übereinstimmen. Jede Uebertretung dieser Art werde ich nach der Strenge des Gesetzes bestrafen.

                                                          von Lecoq

Die Beilage erwarte ich wieder zurück   Lecoq

      An
den Herrn Major von Egidy
   Commandanten des 1sten
leichten Infanterie Regiments
      Hochwohlgebr.

Anlage 05   Einteilung der Offiziere der leichten Infanterie zum 30.07.1812

1tes leichtes Regiment

A) mobiler Teil

Kommandant	Oberstleutnant v.Egidy
1.Major	v.Metzsch
2.Major	v.Schönfeld
1.Adjutant	Premierleutnant v.Gablenz
2.Adjutant	Premierleutnant v.Staff
Auditeur	Kühnel
Regiments-Chirurg	Weinhold
Bataillons-Chirurg	Schubert
1ste Kompanie	Kapitän 2ter Klasse Alter
	Premierleutnant v.Kaufberg
	Sousleutnant v.Buttlar

---

[129] Die Beilage war nicht bei den Akten.

2te Kompanie	Kapitän 1ter Klasse v.Bülow
	Premierleutnant v.Sommerfeld
	Sousleutnant v.Sichart
	Sousleutnant v.Heinecken
3te Kompanie	Kapitän 2ter Klasse v.Egidy 2te (Carl Gustav)
	Premierleutnant v.Einsiedel
	Sousleutnant v.Nostitz
	Sousleutnant Graf v.Holtzendorff
4te Kompanie	Kapitän 2ter Klasse v.Sperl
	Premierleutnant v.Haupt
	Sousleutnant v.Koppenfels
	Sousleutnant v.Polenz
5te Kompanie	Kapitän 1ter Klasse (aggr. Major) v.Beeren
	Premierleutnant (charakt. Kapitän) v.Francois
	Sousleutnant Kändler
	Sousleutnant v.Urlaub
6te Kompanie	Kapitän 1ter Klasse v.Schlegell
	Premierleutnant (charkt. Kapitän) v.Kommerstädt
	Sousleutnant v.Logau
	Sousleutnant Nix
7te Kompanie	Kapitän 1ter Klasse v.Egidy 1te (Heinrich August)
	Premierleutnant Barthel
	Sousleutnant v.Schimpff
8te Kompanie	Kapitän 2ter Klasse Schneider
	Premierleutnant Einwald
	Sousleutnant v.Keller
	Sousleutnant v.Einsiedel

Überkomplett stehen

aggr. Sousleutnant	v.Wedell	1ste Kompanie
	Engel	3te Kompanie
	Ferber	7te Kompanie

Dauerhaft kommandiert sind

Auditeur Kühnel als Brigadeauditeur beim Generalmajor v.Sahr
Bataillons-Chirurg Schubert beim Feldlazarett
Premierleutnant (charakt. Kapitän) v.Kommerstädt beim Generalmajor v.Sahr
Premierleutnant v.Einsiedel beim Generalleutnant v.Lecoq

vorübergehend kommandiert sind

Sousleutnant Nix zur Polizeiwache bei der Verpflegungsanstalt in Ostrolenka

Krank sind

Premierleutnant v.Sommerfeld	seit 25.07.1812	Fuß ausgerenkt
Premierleutnant v.Haupt	seit 14.08.1811	Reißen

B) Depot

Major	v.Rade
Rgts-Quartiermeister	v.d.Breling
Sousleutnant	v.Berge
Sousleutnant	Freyer

2tes leichtes Regiment

A) mobiler Teil

Kommandant	Oberst v.Tettenborn
1.Major	v.Seydewitz
2.Major	v.Selmnitz
1.Adjutant	Premierleutnant v.Zeschau
2.Adjutant	Premierleutnant v.Wolfersdorff
Auditeur	Hennig
Regiments-Chirurg	Heitmann
Bataillons-Chirurg	Dropisch

1ste Kompanie	Kapitän 1ter Klasse v.Bünau 1te (Rudolph)
	Premierleutnant v.Zychlinsky
	Sousleutnant Hille
	Sousleutnant v.Brzesky
2te Kompanie	Kapitän 1ter Klasse Heynemann
	Premierleutnant v.Uichteritz
	Sousleutnant Buchheim
	Sousleutnant Schellig
3te Kompanie	Kapitän 2ter Klasse v.Jeschky
	Sousleutnant (charakt. Premierleutnant) v.Brause
	Sousleutnant v.Süssmilch
4te Kompanie	Kapitän 2ter Klasse v.Bünau 2te (Heinrich)
	Premierleutnant v.Scheubner
	Sousleutnant v.Germar
	Sousleutnant v.Zeschau
5te Kompanie	Kapitän 1ter Klasse (aggr. Major) v.Bock
	Premierleutnant Schindler
	Sousleutnant v.Oelschlegel
	Sousleutnant v.Petrikowsky

6te Kompanie	Kapitän 1ter Klasse v.Lindemann
	Premierleutnant v.Brandenstein
	Sousleutnant v.Wolfersdorff
	Sousleutnant Demiani
7te Kompanie	Kapitän 2ter Klasse Hennigk
	Sousleutnant Klingguth
	Sousleutnant Kindler
8te Kompanie	Kapitän 2ter Klasse Marschall v.Bieberstein
	Premierleutnant v.Larisch
	Sousleutnant v.Petrikowsky
	Sousleutnant Verlohren

Überkomplett stehen

Sousleutnant	Hauschild
aggr. Sousleutnant	Schulze

Dauerhaft kommandiert sind

Auditeur Hennig beim Depot
Bataillons-Chirurg Dropisch beim Feldlazarett
Premierleutmnant v.Uichteritz beim Generalmajor v.Sahr
Sousleutnant (charakt. Premierleutnant) v.Brause als Brigadeadjutant
Sousleutnant v.Petrikowsky beim Jägerkorps
Sousleutnant v.Brzesky im Hauptquartier

vorübergehend kommandiert sind

Kapitän v.Bünau 1te als Platzkommandant nach Bialystok

Krank sind

Kapitän v.Bünau 2te	seit 21.07.1812	Nervenfieber

B) Depot

Oberstleutnant	Dierschen
Rgts-Quartiermeister	v.Schimpff
Auditeur	Hennig
Premierleutnant	v.Ploetz
Premierleutnant	v.Elterlein (7te Kompanie)

Beurlaubt sind

Premierleutnant v.Elterlein	vom 01.07. – 31.08.1812 nach Toeplitz

---

Anlage 06 Liste der bei Podobna (12.08.1812) vor dem Feind gebliebenen bzw. an den Wunden gestorbenen Unter-Offiziere und Mannschaften nach der Monatsliste von Ende August 1812

1. leichtes Regiment

Kpn./Dgr.	Name	Alter	woher		wann
1/Schütze	Müller 1te	31	Berlin	geblieben	12.08.1812
	Vogel	22	Langoelsnitz		
	Uhrlass	28	Kleinwiemsdorff		
	Müller 3te	23	Klama		
	Schleichner	26	Kämmeritz		
3/Schütze	Lommatzsch	22	Grospehra	geblieben	12.08.1812
	Leonhard	25	Etzsch		
	Neubauer	22	Milberstädt		
	Klaus 2te	24	Döbeln		
	Rebner	20	Schönbach		
	Apitz	21	Eilenburg	verw./gest.	14.08.1812[130]
4/Schütze	Findeisen	20	Dahlitz	geblieben	12.08.1812
5/Schütze	Kuhnert	25	Beerendorf	geblieben	12.08.1812
6/Schütze	Teichmann	25	Naumburg	geblieben	12.08.1812
	Winter	21	Lössnig		
	Höhne	18	Mügeln		
	Glauche	24	Grosheringen		
8/Korporal	Zeise	26	Kl.Lauchstädt	geblieben	12.08.1812

2. leichtes Regiment

Kpn./Dgr.	Name	Alter	woher		wann
1/Schütze	Baessiger	27	Stocken	geblieben	12.08.1812
	Wachsmuth	29	Großgottern		
	Schmidt 3te	25	Weida		
	Grimm	34	Göppersgrün		
	Weege	23	Bauchlitz		
	Vogel	21	Mittelberg		

---

[130] Es sterben an den Wunden im Lazarett noch von der 1Kpn. Schütze Püge (18, Kelbra, 04.09.) und von der 3.Kpn. die Korporals Flachsbart (23, Tennstädt, 19.08.) und Kindervater (31, Kelbra, 26.08.) sowie die Schützen Scharr (25, Großgottern, 26.08.) und Voigt (23, Großgottern, 26.08.). Die Monatslisten der 2.+4.Kpn geben keine Auskunft, die des 2.Bataillons sind nicht vorhanden.

Kpn./Dgr.	Name	Alter	woher		wann
2/Korporal	Lempe	21	Naumburg	geblieben	12.08.1812
2/Schütze	Hofmann	24	Bothfeld		
	Zickmann	23	Reichenbrand		
	Spitze	21	Großjena		
	Engler	22	Hirschfeld		
	Hempel	26	Donndorf		
	Schneitzer	23	Kleingräbendorf		
	Schlag	26	Großjena	verw./gest.	15.08.1812
	Sulze	24	Weißenfels		
	Reissmann	22	Dählitz		13.08.1812
	Popp	23	Schönfeld		
	Grosse	23	Drosdorf		
3/Schütze	Luge	29	Lommatzsch	geblieben	12.08.1812
	Dichting	28	Stetten		
	Seltmann	26	Großmitkau		
	Schöppe	29	Freiburg		
	Plaut	23	Benndorf		
	Estel	26	Roßwein		
	Henniger	25	Burckhardtswerda		
	Mühlner	23	Böhlen/Grimma		
	Bauriegel	34	Brosten		
4/Schütze	Gottschalck	24	Postendorf	geblieben	12.08.1812
	Luther	21	Heldrungen		
	Enterlein	21	Blochau		
	Benndorff	24	Zipsendorf		
5/Korporal	Müller	27	Zwickau	geblieben	12.08.1812
5/Schütze	Werner 1te	26	Heerold		
	Brand	21	Greußen		
	Eckardt	19	Eckardtsberga		
6/ag.Sergeant	Meissner	31	Kemberg	geblieben	12.08.1812
6/Korporal	Preusche	26	Kiltzschau		
6/Schütze	Doerer	25	Friedrichsgrün		
8/Schütze	Gasch	22	Kettnitz	geblieben	12.08.1812[131]

---

[131] Die Gesamt-Monatslisten vom mobilen Teil der beiden leichten Regimenter für den Monat September und später befinden sich nicht im HStA Dresden.

Anlage 07   Einteilung der Offiziere der leichten Infanterie zum 29.03.1813

Leichtes Bataillon Lecoq

Oberstleutnant	v.Brause, Kommandant	
Major	v.Rade	
	v.Egidy	
	v.Jeschky	
Kapitäns	Schneider (4.Div.)	
	v.Egidy (2.Div.)	
	v.Francois (1.Div.)	
Premierleutnants	v.Staff (Adjutant)	v.Logau (3.Div.)
	v.Haupt (2.Div.)	v.Buttlar (Adjutant)
Sousleutnants	Kaendler (1.Div.)	Rabenau
	Keller	Kellner
	Nix	Loebe
	Freyer	
Feldwebel	Reschke	Kadett v.Sternstein

Leichtes Bataillon Sahr

Oberst	v.Bose, Kommandant	
Major	v.Selmnitz	
	v.Bock	
Kapitäns	v.Marschall	
	Schindler	
	v.Hennig	
	v.Ploetz	
	v.Zeschau (Adjutant)	
Premierleutnants	v.Brandenstein	v.Elterlein
	v.Scheubner	v.Zychlinski
Sousleutnants	Klingguth	Verlohren
	Süssmilch	Loeben
	Germar	Damm
	Demiani	

Anlage 08   Einteilung der Offiziere der leichten Infanterie Ende Juli 1813[132]

Leichtes Infanterie-Regiment von Lecoq

Major	v.Rade, Regiments-Kommadant
	v.Beeren, Kommandant des 1sten Bataillons
aggr. Major	v.Egidy, Kommandnat des 2ten Bataillons
Kapitän	v.Staff, Adjutant
Major	v.Bülow
Kapitän	Schneider
	v.Egidy
	v.Gablenz
	v.Schlegel
	Einwald

Premierleutnants	v.Kaufberg	v.Koppenfels
	Barthel	v.Logau
	v.Sichart	v.Sommerfeldt
Sousleutenants	v.Einsiedel	Löwe
	v.Schimpf	v.Rabenau
	v.Wedell (beurlaubt)	Kellner
	Kaendler	Reschke
	Nix	v.Urlaub
	Ferber	Cunz

Leichtes Infanterie-Regiment von Sahr

Major	v.Selmnitz, Regiments-Kommadant
aggr. Major	v.Jeschky, Kommandant des 1sten Bataillons
aggr. Major	v.Bünau, Kommandnat des 2ten Bataillons
charakt. Major	v.Bünau, Kommandant des Haupt-Feld-Bekleidungs-Depots in Görlitz
Premierleutnant	v.Klingguth, Adjutant
Kapitäns	v.Marschall
	v.Schindler

Premierleutnants	v.Brandenstein	Hille
	v.Elterlein	v.Süssmilch (aggr.)

---

[132] Die Liste ist überschrieben mit: „Eintheilung der Infanterie des mobilen Truppen Korps in Divisionen und Brigaden mit Bestimmung der Brigadiers; Regiments- und Bataillons-Kommandanten ingleichen Placirung der Officiers". Die Liste ist ohne Datum, allerdings in der Akte eingebunden zwischen Schriftstücken vom 21.07. und 29.07.1813

Sousleutnants	v.Germar	v.Petrikowski
	Demiani	Verlohren
	Schellig	v.Wolfersdorff
	Buchheim	Schulze
	Thamm	Suck
	v.Loeben	Zwicker
	v.d.Mosel	

Feld-Jäger-Korps

Premierlieutenant	v.Zychlinsky als Kommandant	
	v.Petrikowsky	
Souslieutenant	Bogenhardt	Krebs

Anlage 09   **Befehl zu Gefreiten als Unteroffiziere und Kompaniezeichen**

Moiss d 6ten July 1813

Der commandirende Hr. Generallieutenant von Le Coq hat bey denen unter seinen unmittelbaren Befehlen stehenden Truppen zu einiger Abhilfe des bisher bei denselben statt gefundenen Mangels an Unteroffizieren die Anordnung getroffen, daß bey jeder Division 6 Gefreite zu dem Dienst als Korporals gezogen werden sollen die zur Auszeichnung von den Offizieren Sie genannt, und das bisher gewesene Zeichen der Unteroffiziers auf dem Ermel tragen werden, daß aber die wirklichen Korporals von nun an auf dem Ermel einen zweiten Streifen, dicht neben den andern, und ausschließlich vor den Gefreiten, Port Epée, Stock und Treße um den Tzschako tragen sollen.

Nächstdem hat derselbe angeordnet, daß Unteroffiziers Subjekte, so Capitulationen haben, dann wann sie wirklich Unteroffiziers werden, zu der in der Capitulation bestimmten Zeit ihre Entlaßung erhalten können. Er hat durch Bekanntmachung dieser neuen Anordnung erlangt, daß sich ausgezeichnete Soldaten als Unteroffiziers Subjekte gemeldet haben, und diese nun als Gefreite haben angestellt werden können.

Endlich hat der commandirende Hr. Generallieutenant v. Le Coq wegen eingerißner Verschiedenheit der als Bonbons zu tragenden Regimentszeichen anbefohlen, daß den Herren Officiers der Grenadiers, Artillerie und leichten Infanterie allein das Tragen der resp. rothen und grünen Bonbons zugestanden bleibt, die der Mousquetier-Bataillons aber die willkührlich gewählten größtentheils verschiedenen und unpaßenden Regimentszeichen ablegen, und auf die früher diesen Betreff gegebenen Befehle verwiesen werden sollen, daß ferner die gemeinen Mannschaften der Grenadiers und Artillerie wie zeither ganz rothe, so wie das erste leichte Infanterie Regiment ganz grüne Regimentszeichen, die des 2ten hingegen zum Unterschiede solche Bonbons tragen sollen, die an dem Einsatz des ebenfalls grünen Büschels mit einen schmalen rothen Rande versehen sind, indem alle diese bereits getroffenen Anordnungen auch bei der meinen Commando anvertrauten mobilen Divisionen statt finden sollen, ersuche ich die Herren Brigadiers die Ausführung derselben bei den Bataillons des baldigsten anzubefehlen und mir über den Erfolg besonders in Betreff der erstgedachten Punkte ihren Rapport zu erstatten.

von Sahr

An den Herrn General Major
von Mellentin
Hochwohlgeboren

Anlage 10   Rapport über das 2.Bataillon Lecoq vom 02.08.1813

An
den Herrn Major vom Rade
Hochwohlgebr.

Gehorsamster Rapport

Ew. Hochwohlgebr. melde gehorsamst daß das Bataillon zur 1n Colonne unter dem Obristen und Brigadier von Brause getheilt ist. Diese Colonne bricht den 3n hujus von hier auf, und wird den 9n in Görlitz eintreffen. Das Bataillon geht den 3n von hier nach Mühlberg, den 4n nach Großenhayn, den 5n nach Camenz, den 6n nach Bautzen, den 7n Rast, den 8n nach Weißenberg und den 9n nach Görlitz. Das Bataillon bringt einen dreytägigen Bedarf an Brod und Fourage mit ins Lager.

Ew. Hochwohlgebr. überreiche einen Bestandsrapport vom Bataillon, auch habe vom Herrn Obristen v.Brause eine Uebersicht wie das Regiment bestehen soll wie jedes Bataillon anjetzt besteht und was fehlt erhalten welche ich auf Befehl des Hrn. Obristen Ew. Hochwohlgebr. überreiche.

Da nun bey der Ankunft des Bataillons im Lager von Ew. Hochwohlgebr. wahrscheinlich eine Ausgleichung der Kompagnien angeordnet werden dürfte , so übersende Ew. Hochwohlgebr. von jeder Kompagnie eine Liste der sich hier befindenden <u>alten</u> Unterofficiers, Hornisten, Tambours, Zimmerleute und Schützen.

Ich habe auf Befehl des Hrn. Obersten v.Brause mehrere neue Unterofficiers ernennen müßen, eben so die Zahl der Zimmerleute vollzählig machen.

Von diesen <u>neuen</u> Unteroffficiers, Hornisten, Tambours, Zimmerleuten und der neuen Mannschaft lege ebenfalls eine Liste bey.

Die neuen Unterofficiers, Hornisten, Zimmerleute und Recruten sind blos provisorisch zu den Kompagnien getheilt.

Der Major v.Sperl ist laut Ordre vom commandirenden General Lieutenant zum Dienst bey meinem Bataillon angestellt, hat aber von demselben die Erlaubnis, einige Tage Zurückzubleiben, um sich zu equipiren.

So eben habe den Befehl erhalten, den Staabs Hornist Richter an das Depot abzugeben, wo er mit Pension entlaßen wird.

Der Bataillons Tambour Faust ist im Lazareth zu Krakau verstorben.

Den Regiments Tambour Gebauer habe ich auf Befehl des Hrn. Obristen v.Brause als Sergeant zur 1n Kompagnie getheilt, wo er auch das Sergeanten Tractament erhält.

Der commandirende Herr General Lieutenant hat denen Korporal Sack, Klotsch, Schulze, Knabe und Liebenau die silberne Verdienstmedaille ertheilt.

Bey der gestrigen Revue erhielt ich den Befehl, einen moralisch guten Mann und braven Soldaten, dem commandirenden Herrn General Lieutenant zur Medaille vorzuschlagen. Der Major v.Bülow empfahl mir ganz besonders den Korporal Wöller von der 2ten Komp., ich erwarte daß der Hr. Gen. Lieut. Wöllern die Medaille ertheilen wird.

Auch melde ich Ew. Hochwohlgebr. daß ich den Orden der Ehrenlegion erhalten habe.

Der Prem. Lieut. Logau ist zum Dienst beym Bataillon, und der Sous Lieut. Freyer zum Depot versetzt worden.

Es befinden sich 13 Hornisten beym Bataillon welche alle gelernte Musici seyn, und sehr gut blasen.

Soeben erhalte ich einen Deckelwagen mit 4 Pferden, zu Transportirung der Offiziers Equipage vom 2ten Bataillon.

Eine von den Herrn General Lieutenant von Lecoq in diesen Augenblick erhaltene Ordre worinnen den Korporal Wöller die silberne Verdientsmedaille ertheilt wird, gebe ich mir die Ehre Ew. Hochwohlgebr. gehorsamst beyzulegen.

Belgern den 2ten August 1813

Karl von Beeren   Major

In der Reihe:

„Beiträge zur sächsischen Militärgeschichte zwischen 1793 und 1813"

sind bisher erschienen:

- No. 1   Der Übergang der Sachsen am 18.10.1813
- No. 2   Die Kriegsberichte des Infanterie-Regiments Churfürst 1806
- No. 3   Die Heeresreform von 1810
- No. 4   Das churfürstliche Werbemandat vom 21sten April 1792
- No. 5   Das Artillerie-Trainbataillon 1810 – 1813
- No. 6   Das Regiment Artillerie zu Fuß, die reitende Artillerie-Brigade und die Handwerker-Kompanie 1810 - 1813
- No. 8   Die Geschichte der reitenden Artillerie 1810 - 1813
- No. 9   Das Artilleriefuhrwesen 1806 – 1809
- No.10 Das Feldartillerie-Korps 1806 – 1809
- No.11 Allgemeine Dienstregeln für die Unterofficiers der Churfürstlich Sächsischen Infanterie vom Jahre 1802
- No.12 Die Geschichte der reitenden Artillerie 1802 - 1809
- No.13 Das sächsische Ingenieur- und Pionierkorps 1810 – 1813
- No.14 Die Belagerungs- und Defensionsartillerie 1806 – 1813
- No.17 Unterricht für die Scharfschützen bey der Churfürstlich sächsischen Infanterie vom Jahre 1804 (Reglement)
- No.18 Reglement für die Königlich Sächsische leichte Infanterie zu den Uebungen außer der geschlossenen Ordnung vom Jahre 1810
- No.19 1812 – Die Sachsen in Rußland / Der Feldzug in den Tagesbefehlen des Generalstabes und der Intendanz – Ein Beitrag zur inneren Truppengeschichte
- No.20 Die leichten Infanterie-Regimenter, die Regimentsschützen und das Jägerkorps 1810 - 1813
- No.21 Das Tagebuch von Ernst Ferdinand Aster aus dem Jahre 1812
- No.22 Das Tagebuch von Friedrich Ernst Aster aus dem Jahre 1812
- No.23 1813 – Die Sachsen im eigenen Land / Der Feldzug der sächsischen Truppen im VII. Armeekorps in den Befehlen und Rapporten des Generalstabes und der Intendanz – Ein Beitrag zur inneren Truppengeschichte
- No.24 Instruktionen für die königlich sächsische Armee 1810 – 1813 Teil I
- No.25 Instruktionen für die königlich sächsische Armee 1810 – 1813 Teil II

Für weitere Informationen:

www.oberst-lieutenants-compagnie.de